Mourad · Ein Mönch in Geiselhaft

Jacques Mourad

mit Amaury Guillem

Ein Mönch in Geiselhaft

Fünf Monate in den Fängen des Islamischen Staates

Übersetzt von Katharina Meyer

Arete Verlag Hildesheim

Die franzözische Originalausgabe ist 2018 unter dem Titel «Un moine en otage» von Jacques Mourad in der Éditions de l'Emmanuel erschienen.
© 2018, Éditions de l'Emmanuel; 89, Bd Auguste Blanqui – 75013 PARIS (France); ISBN : 978-2-35389-686-8

Bibliografische Information der Deutschen Nationalbibliothek
Die Deutsche Bibliothek verzeichnet diese Publikation in der Deutschen Nationalbibliografie; detaillierte bibliografische Daten sind im Internet über http://dnb.ddb.de abrufbar.

© 2019 Arete Verlag Christian Becker, Hildesheim
www.arete-verlag.de

Das Werk und seine Teile sind urheberrechtlich geschützt. Jede Nutzung in anderen als den gesetzlich zugelassenen Fällen bedarf der vorherigen schriftlichen Einwilligung des Verlages. Dies gilt auch und insbesondere für Vervielfältigungen, Übersetzungen, Verfilmungen und die Einspeicherung sowie Datenvorhaltung in elektronischen und digitalen Systemen.

Übersetzung: Katharina Meyer, Düsseldorf
Layout, Satz und Umschlaggestaltung: Composizione Katrin Rampp, Kempten
Umschlagfoto: Das Kloster Mar Elian in Syrien, vor seiner Zerstörung
Druck und Verarbeitung: Medienhaus Plump, Rheinbreitbach
ISBN 978-3-96423-019-5

Inhalt

Vorworte 7
Einleitung: Sulaimaniyah, Irak 13
1. Mar Elian, Syrien, 21. Mai 2015 19
2. Auf einer Gebirgsstraße, Syrien, 21. Mai 2015 33
3. Syrische Wüste, irgendwo zwischen Qaryatein und Palmyra,
   21. bis 25. Mai 2015 47
4. Raqqa, selbsternannte Hauptstadt des Islamischen Staats,
   Juni 2015 76
5. Palmyra, Syrien, August 2015 113
6. Qaryatein, Syrien, September 2015 147
7. Cori, Italien, April 2016 159
Nachwort, Sulaimaniyah, Irak 180

Vorwort zur deutschsprachigen Ausgabe

Ausgerechnet er, ausgerechnet Pater Jacques, der sein Wirken in den syrischen Klöstern Mar Moussa und Mar Elian neben der Arbeit und dem Gebet der Gastfreundschaft zu den Muslimen gewidmet hatte, wurde im Sommer 2015 von Milizen des sogenannten Islamischen Staates entführt und in Geiselhaft genommen. Aber vielleicht ist es auch nicht verwunderlich, dass es „ausgerechnet" Jacques Mourad traf. Sein offenes Herz und seine offenen Klostermauern für alle mussten auf die engstirnigen Ideologen des IS wie eine Provokation wirken. Musikunterricht für muslimische Kinder, Essens- und Kleiderausgabe an bedürftige Muslime stellten für die Islamisten offenbar eine Herausforderung dar, der sie nicht gewachsen waren.

„Warum ich?", hat sich auch Pater Jacques während der mehrmonatigen Entführung, in der er Gewalt, Folter und Einsamkeit erlebte, nicht nur einmal gefragt. Und er hat sich die Antwort gleich selbst gegeben: Damit er Zeugnis ablegen kann von dem Irrsinn des syrischen Bürgerkrieges und des Hasses zwischen den Beteiligten, aber auch von der Kraft der Nächstenliebe und der Barmherzigkeit.

Und es ist ein beeindruckendes, manchmal dramatisches und immer berührendes Zeugnis geworden: Jacques Mourad erzählt vom äußeren Geschehen, seinem Aufwachsen in Aleppo, den ersten Kontakten zu Muslimen, seiner Aufbauarbeit im Kloster Mar Elian, den Umständen seiner Entführung, den Misshandlungen in der Haft, den Dialogen mit den Wächtern und seiner Flucht, die er auch Muslimen verdankt. Er nimmt uns aber auch mit auf seine inneren Monologe, die Zweifel an seinem Glauben zu Gott, der ihn doch scheinbar verlassen hat. Wir erfahren von der Kraft

Vorwort zur deutschsprachigen Ausgabe

des Gebets und erleben, wie Jacques Mourad die Haft schließlich als persönliche Herausforderung annimmt und eine nie gekannte innere Ruhe und Nähe zu Gott entwickelt.

Jacques Mourads Buch ist ein einziger Appell an uns, unsere Herzen zu öffnen für die Gnade und Liebe Gottes, die doch unteilbar sind und auch denen gelten, die meinen, unsere Feinde sein zu müssen. Dass dies gelingen kann und zugleich der einzige Weg zu Frieden und Versöhnung ist, davon zeugt Jacques Mourad in Wort und Tat wie kaum ein anderer – auch heute, wiewohl gesundheitlich angeschlagen von der Haft, setzt er sich weiterhin unermüdlich für den Dialog zwischen den Religionen ein. Möge dieses Buch möglichst viele dazu ermutigen, ebenfalls diesen Weg zu beschreiten und an ihm festzuhalten.

Dr. Heiner Wilmer SCJ, Bischof von Hildesheim

Vorwort zur Originalausgabe

Wie soll man das Vorwort zu solch einem Buch schreiben? Als könnte man diesem Zeugnis auch nur ein Wort, einen Kommentar, eine Bemerkung hinzufügen.

Die Brisanz dieses Buches stützt sich auf den Glauben eines Mannes und seines Ordens. Ein syrisch-katholischer Priester, ein Mönch, wird zusammen mit seinem Mitbruder entführt und gefoltert. Wie durch ein Wunder gelingt ihm die Flucht und er überlebt, erfüllt von einer Liebe, die umso stärker ist, als da sie noch nicht gesättigt ist.

Dieses Buch ist von solcher Brisanz, weil der Konflikt, der auf den kommenden Seiten beschrieben wird, noch immer nicht zu Ende ist. Wir wissen, dass die Angriffe fortgesetzt werden. Wird dieser Krieg, der sich ausgerechnet dort zuträgt, wo Gott durch Christus auf der Erde gewandelt ist, überhaupt jemals enden?

Das Buch ist von solcher Brisanz, weil es uns tief berührt. Der heilige Paul schreibt als Gefangener, weit weg von seinem Volk: „So seid ihr nun nicht mehr Fremde" (Eph 2:19). Wenn das Wort Globalisierung seine Bedeutung noch nicht verloren hat, warum lassen wir uns dann nicht davon anstecken? Hat nicht gerade die katholische Kirche die Gnade oder vielmehr den Anspruch, Grenzen und Mauern einzureißen, um in der verletzten Menschheit wieder die Liebe Gottes zu entfachen?

Jacques Mourad eröffnet uns einen Blick in sein Herz und seine Gedanken. Freimütig erzählt er von seiner Entführung. Er unternimmt eine Reise in die tiefsten Abgründe der menschlichen Seele in ihrer ganzen Dimension. Am Ende wankt er, zweifelt an seinem Glauben zu Gott und an seiner Berufung, er stellt die Frage nach der Verantwortung, seiner eigenen und der der Muslime genauso wie der der Christen, der Regierenden und der Bürger, vor allem der Bürger der westlichen Welt.

Vorwort zur Originalausgabe

Packend und eindringlich werden von Kapitel zu Kapitel alle Stadien des Wankens vermessen und präzisiert und die große Frage nach den Ursachen der Gewalt und dem Bösen und die Frage nach einem Ausweg gestellt. Doch dies ist keine rein theoretische Betrachtung! Einige Stellen überschreiten die Grenze des Erträglichen.

Die Liebe, der Kampf für die Nächstenliebe, die absolute Liebe, die bis zur Vergebung geht, ist der Kern der Lehre Jesu, und darum dreht sich alles bei Pater Jacques. In dieser Lehre ist Nächstenliebe keineswegs das Privileg von wenigen und schon gar kein Exklusivrecht der Christen. Trotzdem will man es kaum glauben, wenn man erfährt, dass der Priester noch nach fünf Monaten Gefangenschaft, in der er durch die Hölle gegangen ist, in den Herzen der Folterknechte des Islamischen Staats göttliche Liebe entdeckt.

„Vater unser… erlöse uns von dem Bösen." Die Christen dürfen nicht aufhören zu beten. Und dürfen auch nicht über das „unser" hinwegsehen. Diese fünf Buchstaben stehen für die Menschen aller fünf Kontinente, ohne Ausnahme, es sei denn, man glaubt an einen Gott, der nur zur Hälfte liebt, ein Gott, der sehr grausam und unmenschlich wäre! Pater Jacques will diesen Teufelskreis, das Böse mit dem Bösen zu bekämpfen, nicht länger hinnehmen.

Wie Pater Jacques Hamel[1] ausrief – man hatte ihm schon die Kehle durchgeschnitten, aber er war noch am Leben –, direkt nachdem er das Vaterunser beendet hatte, in dem das Böse mit einem großen „B" herausgestellt wird: „Weg mit dir, Satan!" Dasselbe bete auch ich, nachdem ich dieses Buch beendet habe, nach dem kein Leser mehr der ist, der er mal war.

---

1 Jacques Hamel war ein französischer katholischer Priester. Er wurde bei einem Anschlag im Juli 2016 in Saint-Étienne-du-Rouvray von zwei Attentätern des Islamischen Staats ermordet, während er in der Kirche Saint-Étienne (Sankt Stephan) die Heilige Messe zelebrierte.

Vorwort zur Originalausgabe

Warum also sollte man ein solches Buch mit einem Vorwort geleiten, wenn nicht, um zumindest Amaury Guillem zu danken, der sein Diktiergerät vor Pater Jacques aufgestellt und dessen dramatische Geschichte für uns aufgeschrieben hat! Mein unermesslicher Dank gilt Pater Jacques, der sich wagt, uns das Unvorstellbare zu schildern. Und Gott, unserem Vater, der uns Menschen mit dem Sieg über das Böse betraut hat.

Dominique LEBRUN
Erzbischof von Rouen,
28. Januar 2018

Einleitung

Sulaimaniyah, Irak
27. Juni 2017

Noch immer laufen die Kinder vergnügt über den Hof des Klosters von Maryam el Adrah. Trotz des langen Tagesmarschs durch das Wüstengebirge im irakischen Kurdistan, das Sulaimaniyah umgibt, scheinen sie kein bisschen müde zu sein. Erstaunlich, wie sie der brütenden Hitze zum Trotz mit Feuereifer über die trockenen, steinigen Pfade gewandert sind. Erfreut lausche ich dem Klang ihrer gellenden Rufe und ihrer Begeisterung, während die Nacht über uns hereinbricht. Sanft streicht die kühle Abendluft über uns, die der Wind zu uns herüberträgt, endlich. Ich habe mich in den Lesesaal der kleinen Bibliothek zurückgezogen, die auf den Hof hinausragt, lasse die Gedanken schweifen und mich hinwegtragen vom Lachen der Kinder, das zum Fenster hineindringt. Ihre Lebenslust ist beeindruckend. Die kleinen Jungen und Mädchen, im Alter meiner eigenen Kinder, sind bereits durch die Hölle gegangen und haben, noch so jung, schon ihre Kindheit verloren. Sie stammen aus Karakosch im Irak. Erschöpft, schmutzig und ausgehungert kamen sie hier im August 2014 zusammen mit ihren Eltern an, auf der Flucht vor den Dschihadisten und dem – damals noch nicht so genannten – „Islamischen Staat". Sie hatten alles verloren, was sie je besessen hatten, und hätten auch einfach aufgeben und dort sterben können. Doch trotz der extremen Bedingungen war ihr Lebenswille ungebrochen. Sie wurden aus ihren Häusern vertrieben, weil sie an ihrem Glauben zu Jesus Christus festhielten, und waren hier zu seinen Füßen gestrandet, in dieser Kapelle von Maryam el Adrah, wo man Tücher von einer Mauer zur anderen gespannt hatte, um ihnen behelfsmäßige Lager zu errichten. Aufgenommen hatte sie Pater Jens, ein Geistlicher der Klostergemeinschaft von Dair

Mār Mūsā al-Habaschi², der vor einigen Jahren auf Ruf von Kardinal Louis Raphaël Sako, dem vormaligen Erzbischof von Kirkuk, in die Gemeinde gekommen war. Er hatte sofort ein angrenzendes Grundstück gemietet und dort 20 Container aufstellen lassen, die er in winzige Wohnungen verwandelt hatte, um den Familien ein bisschen Privatsphäre zu ermöglichen. Die Kinder können wieder die Schule besuchen, die Frauen wieder in die Kirche gehen, während die Männer den ganzen Tag auf der Straße stehen und sich unterhalten. Mit der Ankunft der Flüchtlinge kommt wieder Leben ins historische Viertel, aus dem erst vor kurzem alle christlichen Familien geflohen waren und in dem noch bis vor einem Monat die letzte jüdische Familie von Sulaimaniyah gelebt hat.

Wie an jedem Abend finden sich auch heute alle im Hof ein. Nach der Hitze des Tages genießen sie die kühle Luft der eintretenden Nacht. Nach der Messe wird das WLAN eingeschaltet, damit Groß und Klein via Internet Kontakt zu den in Karakosch verbliebenen Familienangehörigen und Freunden aufnehmen kann. Die Stadt wurde zwar vor einigen Monaten befreit, aber sie ist vollkommen verwüstet. Die Häuser wurden niedergebrannt, alle Wasser- und Energieversorgungsnetze sind zerstört. Immer noch könnten Minen explodieren. Vor zwei Wochen sind drei Väter zum ersten Mal dorthin zurückgekehrt. Der Weg führt über eine Strecke von etwa fünf Stunden und ist von zahlreichen Straßensperren gesäumt, die Sicherheit ist bei weitem nicht gewährleistet. Bei ihrer Rückkehr in Sulaimaniyah strömten alle auf sie zu und schrien, weinten und klatschten durcheinander. Abends wurde in der Kapelle eine große Leinwand aufgespannt, um eine kurze Aufnahme zu zeigen, die der Priester aus Karakosch ihnen gesandt hatte. Er rief sie auf, heimzukommen, ihre Häuser wieder aufzubauen, in ihr altes Leben zurückzukehren. Aber nichts würde mehr so sein wie

---

2 Gemischte Ordensgemeinschaft der Syrisch-Katholischen Kirche, von Pater Paolo Dall'Oglio gegründet und dem interreligiösen Dialog zwischen Islam und Christentum verpflichtet. Sie gehört zur Diözese von Homs, Hama und An-Nabk in Syrien.

früher. Sollten sie trotzdem zurückgehen? Oder lieber hier in Kurdistan bleiben? Oder sogar noch weiter wegziehen, nach Europa, Australien oder Amerika? In ihren Gesichtern standen Freude und Bitterkeit zugleich.

Die Flüchtlinge haben die Nase voll vom Krieg und dieser Art von Fragen. Die unschuldigen Kinder sehen aus, als könnte sie nichts aus der Bahn werfen. Sie freuen sich übers Internet, um Online-Spiele zu spielen. Die virtuelle Flucht ermöglicht ihnen, ihrem elenden Leben für ein paar Minuten zu entkommen. Ich kann hören, wie sie darüber diskutieren, welche Waffe sie nehmen oder welchen Avatar sie töten sollen. Als sie Hals über Kopf fliehen und alles zurücklassen mussten, haben sie schon mehr als genug Gewalt, Bedrohung und Traumata erlebt und in ihren Spielen geht es wieder um Gewalt. Auch zueinander sind sie oft brutal. Aber wer wollte es ihnen übel nehmen, nach allem, was sie durchmachen mussten, im Krieg, der so viele Wunden in ihre Körper und Seelen geschlagen hat? Selbst ihre Eltern lassen sich manchmal gehen und sind außerstande, die Kontrolle zu behalten und zu erschöpft, um der Versuchung des Alkohols zu widerstehen.

Plötzlich erklingen freudige Rufe: „Abuna! Abuna[3]!" Pater Jacques, ein anderer Geistlicher der Gemeinschaft Mar Moussa, tritt auf den Hof, um die geflüchteten Gemeindemitglieder zu treffen. Das Lachen wird lauter, die Kinder wollen, dass er Witze erzählt und Zaubertricks zeigt. Pater Jens kommt dazu und bringt ihnen ein Lied bei. Jacques führt sie in die Kapelle, um mit ihnen ein gemeinsames Gebet zu sprechen. Die Kinder lieben Jesus und die Heilige Jungfrau. Wenn sie an den Mosaik-Ikonen am Eingang vorbeigehen, flüstern sie ihnen liebe Worte zu. Jacques ist ein hochgewachsener Mann, doch er bewegt sich zögerlich und sein Rücken ist gebeugt. Ist das das Gewicht des Kreuzes, das auf ihm lastet?

---

3 „Unser Vater". Auf Arabisch sagt man nicht „Mein Vater" wie in Frankreich oder „Vater" wie in Deutschland, sondern „unser Vater", weil der Pater als der Vater der ganzen Gemeinschaft angesehen wird.

Einleitung   *Sulaimaniyah, Irak · 27. Juni 2017*

Auch er ist ein Flüchtling, wie all die anderen Familien. Seine Heimat ist Syrien. Er hat sie verlassen, nachdem er mehr als fünf Monate lang Geisel des Islamischen Staates war. In den syrischen Klöstern Mar Moussa und Mar Elian[4] hat er sein ganzes Leben dem Gebet, der Gastfreundschaft, der körperlichen Arbeit und der Freundschaft mit den Muslimen gewidmet. Im Wahnsinn des Krieges fand dieses Leben für den Frieden keinen Platz. Während der Geiselhaft ertrug er schlimmste Qualen, Folter, Todesangst und tiefe Verzweiflung; und gleichzeitig erfuhr er Gottes Gnade, die Kraft des Gebets und spürte einen Mut und eine Ruhe in sich, die nicht von ihm selbst ausgingen und sich auf unbegreifliche Weise in seinem Herzen niederließen. In seinen dunkelsten Stunden wurde ihm die Last des Kreuzes gewahr, gleichzeitig spürte er, dass er nie allein gelassen wurde mit dieser Last. Gott war an seiner Seite. Sein Simon von Cyrene. Seine Veronika. Wie viele Male dachte er, das wäre jetzt das Ende. Und er war bereit. Es gab Momente, da konnte er es kaum erwarten, zu sterben, um endlich von der täglichen Folter erlöst zu werden. Aber Gott holte ihn aus den Fängen der Folterknechte und hielt ihn am Leben.

„Warum ich?", fragt er nachdenklich, als wir uns kurze Zeit später in der Bibliothek wiedertreffen. „Ich weiß es nicht. Ganz sicher, um es zu bezeugen. Um davon zu berichten, was ich gesehen und erlebt habe, das Böseste und das Beste, die schlimmste Grausamkeit und die größte Tapferkeit, größtmöglichen Hass und ebenso große Liebe. Der Krieg verwandelt selbst die besten Menschen in todeshungrige Bestien. Intelligente Männer werden zu durchgedrehten Irren. Das Gute hier, das Böse da, das gibt es nur im Märchen. Ich habe Unvorstellbares auf beiden Seiten gesehen. Ich bin Mönch und syrisch-katholischer Priester, aber es waren sunnitische Muslime, die ihr eigenes Leben aufs Spiel gesetzt haben, um mich und meine Gemeinde zu retten. Ein paar unserer muslimischen Freunde sind tot, weil sie uns helfen wol-

---

4 Das Kloster Mar Elian liegt unweit der Stadt Qaryatein im Westen Syriens, das Kloster Mar Moussa ist rund 50 km davon entfernt.

Einleitung *Sulaimaniyah, Irak · 27. Juni 2017*

lten. Sie haben ihr Leben geopfert, um unseres zu retten. Und gibt es einen größeren Ausdruck der Liebe, als den, sein eigenes für das Leben seiner Freunde zu opfern?"

So viele zerstörte Leben! Die der syrischen Brüder, die der in den Irak geflüchteten Kinder, wie will man da schweigen, angesichts einer Welt, die jeden Tag von noch mehr Gewalt überflutet wird. Pater Jacques will nicht mehr weiterleben und so tun, als wäre jetzt alles vorbei und vergessen, als könnte er einfach sein bisheriges Leben wiederaufnehmen, nur weil er wieder frei ist. Am liebsten würde er der Welt seinen mit Hoffnung gespickten Schmerz ins Gesicht schleudern und er würde alles dafür geben, dass endlich Frieden herrscht. Darum hat er mich in den Irak eingeladen: „Jemand muss es aufschreiben, alle Menschen, die für das Gute sind, müssen es hören! Das Reich Gottes fällt nicht vom Himmel, wir Menschen hier auf Erden müssen täglich etwas dafür tun, wir müssen eine radikale Entscheidung treffen, eine Entscheidung, die sich auf jede noch so kleine Tat auswirkt: Wir müssen Gewaltlosigkeit, Begegnung, Gerechtigkeit und bedingungslose Liebe wählen. Und den Glauben, denn ohne Gott können wir es nicht schaffen. Ich war Gefangener des Islamischen Staats und habe entschieden, keine Waffen zu tragen, ich habe versucht, jedem Menschen mit Wohlwollen zu begegnen, ich habe mich an die Gebete geklammert, wie ein Ertrinkender an einen Rettungsring ... und ich konnte sehen, dass meine Henker sich verändert haben. Dass ihre Herzen sich geöffnet haben. Ich bin Zeuge. Ja, die Last des Kreuzes akzeptieren, sich der Gewalt verweigern, Jesus Christus treu bleiben, beten und Barmherzigkeit für unsere Feinde empfinden, das könnte die Welt vor der Barbarei retten, in der sie zu versinken droht."

An diesem Abend in der Bibliothek des Klosters Maryam el Adrah schalte ich mein Diktiergerät ein. Ich nehme mein Notizheft. Ich lausche Abuna Jacques Mourad, dem syrischen Mönch, der ein Gefangener der Miliz Islamischer Staat war und heute als Flüchtling im Irak lebt. Dieser Mann des Dialogs, ein Mönch, der das Gebet liebt, ver-

Einleitung Sulaimaniyah, Irak · 27. Juni 2017

traut mir seine Geschichte an und gibt mir Einblick in seine Gedanken. Selbst seine Zweifel und Hoffnungen verschweigt er nicht. Und er spricht von seiner Mission, als orientalischer Christ eine Brücke zu seinen muslimischen Landsleuten zu bauen. Er glaubt an ein Leben in Frieden und Brüderlichkeit.

Er spricht lange. Manchmal muss er zwischendurch abbrechen, von einer schmerzhaften Erinnerung gelähmt. Immer wieder steht er auf und geht ein paar Schritte, um seinem von der Folter geschundenen Rücken Linderung zu verschaffen. Dann plötzlich bricht er in Lachen aus und fördert seine unbändige Lebensfreude zu Tage, die schwerer wiegt als diese harte Prüfung.

Das wird eine lange Nacht. Ach! Soll sie doch von mir aus Stunden, Wochen, Jahre dauern! Ich spüre, dass morgen, nach diesem Zeugnis, eine neue Sonne aufgehen wird und die Stimmen all derer erhellen wird, die Erbauer des Friedens sein wollen.

Amaury Guillem

Mar Elian, Syrien
21. Mai 2015

Heute steht die Sonne früh am Himmel und strahlt, wie an jedem Tag, den Gott macht, mit aller Kraft auf die Oasenstadt Qaryatein, mitten in der syrischen Wüste, die ich so liebe. Ich kann mich gar nicht an ihr sattsehen, seit ich vor fünfzehn Tagen hier angekommen bin. Die fast ohrenbetäubende Stille der Wüste stürmt auf mich ein, sobald ich mein Zimmer verlasse, dass auf den Innenhof des Klosters von Mar Elian geht. Die Wüste hat eine beruhigende Wirkung auf mich. Sie hat mich seit jeher fasziniert. Mich, einen Jungen aus Aleppo, der Stadt mit den vollgestopften Straßen. Ich hatte die Wüste nie gesehen, ich wusste nicht einmal, was das war. Die wenigen Male, die ich Aleppo verlassen hatte, waren, als ich noch ganz klein war und wir in den Ferien in die grüne Gegend um Wadi-al-Nasara („Tal der Christen") gefahren sind. Aber seltsamerweise habe ich, seit ich ein kleiner Junge war, immer die Wüste gemalt. Ich hatte sie in Büchern oder in Zeichentrickfilmen gesehen. Überall nur Sand, wohin das Auge reichte, ein paar verbrannte Berge und die eine oder andere Palme am Rand einer Oase. Wo man auch hinsah, endlose Weite. Ich brauche Weite. Wir, die Leute aus der Stadt, sind eingesperrt in unsere Häuser und engen Gassen. Wir ersticken an der verpesteten Luft, an dieser unerträglichen Hitze im Gedränge der Menschenmassen, der Auspuffrohre, der Fabrikschlote und Backstubenöfen. Die Wüste bedeutet reine Luft, Nichtsein in der Unvergänglichkeit, das Nichts im All oder andersherum, Raum, den kein Mensch je erschließen wird; der grenzenlose Raum, der uns auf uns selbst zurückwirft und Ewigkeit erfahren lässt; bedeutet Sonne, die auf keine Hindernisse trifft und alles in immerwährendem Lauf in grenzenlosem Licht erstrahlen lässt; bedeutet, die Gegenwart Gottes zu erfahren, die Herrlichkeit der Schöpfung, die Freiheit, die er uns so sorglos zugesteht, den Glanz der Welt, der nie zu strahlen aufhört; bedeutet, am Siebten Tag zu ruhen, als Gott sah, „dass es gut war". (Gen 1:31).

Ich bin auf der Suche nach Ruhe, denn Syrien – und mit ihm die ganze Welt – erstickt in einem Schmerzensschrei. Es quält mich. Heute habe ich wieder schlecht geschlafen. Ich habe große Angst, seit aus der Revolution ein Bürgerkrieg von fast weltweitem Ausmaß geworden ist! Jetzt tobt der Konflikt schon seit mehreren Jahren in unserem Land und es sind nicht mehr nur Syrer, die sich gegenseitig umbringen, sondern auch Libanesen der Hisbollah und Tschetschenen der al-Nusra-Front, iranische Söldner und Franzosen des Islamischen Staats sind in den Krieg verwickelt und töten sich gegenseitig auf unseren Straßen, in unseren Weingärten und in unseren Bergen. Wir haben vom Blut rot gefärbte Bäche, wie im 2. Buch Mose, wo Gottes Zorn den Nil rot färbt und eine Plage nach der anderen ins ungläubige Ägypten schickt. Wie will man schlafen können, wenn sich draußen so ein Drama abspielt? Aber wie kann man es schaffen, den Rachegelüsten und dem Hass zu widerstehen? Ich bin innerlich zerrissen. Ich bin so wahnsinnig wütend auf die Politiker, die dieses Gemetzel zulassen oder sogar unter der Hand begünstigen; auf die Invasoren aus der Türkei, aus dem Irak, aus Europa oder dem Kaukasus, die aus unserem Land ein Schlachtfeld machen; auf Saudi-Arabien, auf Russland, auf die USA, auf den Westen, auf alle diese Weltmächte, die sich auf unserem Boden bekriegen und unser Volk niedermetzeln, um an Öl zu gelangen oder um ihre Waffen zu verkaufen! Ach, würden sie doch endlich aufhören, uns weiszumachen, es handle sich um einen Konflikt zwischen Sunniten und Schiiten oder der muslimischen Welt gegen die Länder, die als christliche gelten, oder gar um ein

Kapitel 1 — Mar Elian, Syrien · 21. Mai 2015

Wiederaufleben des Kalten Krieges. Nein, bei diesem Krieg, wie bei so vielen anderen, geht es ums Öl, um Geld und um die Weltherrschaft. Das Böse kämpft gegen das Böse und dieser Wahnsinn reißt Millionen von Menschenleben in den Tod. Pausenlos plagen mich diese düsteren Gedanken. Keine Chance, sie loszuwerden. Egal was, alles erinnert mich daran, Treffen, Gespräche ... Ich kann nicht aufhören, mich damit zu beschäftigen.

Gestern erst erschienen zwei junge Männer um die Zwanzig im Kloster. Ali, einer von beiden, stammt aus Qaryatein. Wegen der langen Haare und dem Bart habe ich ihn nicht gleich erkannt. Doch wir sind uns schon oft begegnet. Es ist noch gar nicht lange her, da habe ich seiner Familie ein paar Mal geholfen. Als sie kamen, hatte ich mich gerade gesetzt, um mit ein paar syrischen Soldaten, die ins Kloster gekommen waren, eine Tasse Kaffee zu trinken. Jeder, der an meine Tür klopft, wird empfangen, unter einer Bedingung: Er darf keine Waffen tragen. Das Kloster ist eine Oase des Friedens in diesem teuflischen Krieg. Das Kloster betritt niemand mit einer Kalaschnikow.

Ali und sein Freund trugen keine Waffen, also waren sie meine Gäste. Mit einem Blick erkannte ich an ihrer Aufmachung, dass sie Anhänger einer Terrorgruppe waren. Nachdem die syrischen Soldaten gegangen waren, ging ich zu ihnen, um sie zu begrüßen und mich mit ihnen zu unterhalten. Sie waren nicht sehr gesprächig. Also schlug ich ihnen vor, das Grab des Klosters Mar Elian zu besuchen, unseres großen Heiligen Julian von Emesa, dessen Reliquien hier seit Jahrhunderten von Christen und Muslimen verehrt werden. Danach bot ich ihnen eine Tasse Tee an. Sie lehnten ab und gingen wieder. Was sollte das? Wollten Sie mir einen Besuch abstatten? Oder das Heiligengrab besichtigen? Schwer vorstellbar, für diese Extremisten ist Heiligenverehrung ketzerisch. Die Extremisten, die sich selbst als Muslime bezeichnen, wollen sogar die Kaaba in Mekka zerstören. Waren sie gekommen, um das Kloster für eins ihrer Verbrechen auszuspionieren? Ihr Verhalten machte mich misstrauisch.

Als ich heute Morgen nochmal über den merkwürdigen Besuch nachdachte, befiel mich unendliche Trauer. Auf den Straßen von Qaryatein sieht man immer mehr Anhänger dieser bewaffneten Gruppierungen. Wie konnte es sein, dass junge Menschen wie Ali sich diesen islamistischen Gruppen anschlossen, ich kenne doch seine Familie? Werden sie gezwungen? Haben sie ihm, den Eltern oder Schwestern mit dem Tode gedroht? Lockt sie das ewige Leben im Paradies mit hundert Jungfrauen, das die Dschihadisten Märtyrern in Aussicht stellen? Geben sie ihnen Geld für die Unterstützung ihrer Sache? Die meisten Jugendlichen in Qaryatein stammen wie Ali aus niedrigen Schichten und der Arbeiterklasse. Sie haben nicht sehr viel Bildung genossen und wissen, was Arbeitslosigkeit und Armut sind. Ist es da nicht verlockend, sich den Dschihadisten anzuschließen, die in glänzenden SUVs durch die Stadt rollen und sich dicke Villen bauen lassen? Oder ist dieser militante Dschihad vielleicht das Ventil für die Rachegelüste dieser Jugendlichen ohne Träume, ohne Zukunft, die an den Rand der Gesellschaft gedrängt werden? Die meisten von ihnen sind nicht mit einer kriegerischen Lesart des Islams aufgewachsen. Doch inzwischen wurde die friedliche Religion, die diese Familien jahrhundertelang praktiziert haben, von einer ultra-puristischen Vorstellung der saudischen Wahhabiten verdrängt[5].

Während wir in großer Freundschaft mit ihren Eltern und Großeltern lebten, haben sich diese Jungen nach und nach allem verschlossen, was nicht radikal muslimisch ist. So sehr, dass

---

5 In den 1970er-Jahren waren viele Syrer aufgrund eines wirtschaftlichen Notstands gezwungen, zum Arbeiten in die Golfländer zu gehen. Dort kamen die Familien mit dem ultrakonservativen Islam in Berührung. Die erste Generation der Flüchtlinge folgte noch ihrem Verständnis des Islams, so wie sie ihn aus Syrien kannten, die zweite Generation hingegen war schon deutlich beeinflusst vom Wahhabismus, der sich langsam in der syrischen Gesellschaft ausgebreitet und die Mentalität der Leute verändert hat.

Kapitel 1 Mar Elian, Syrien · 21. Mai 2015

sie sich mit all ihrem jugendlichen Eifer in diesen furchtbaren Krieg stürzen. Mit ein bisschen Urteilsvermögen hätten sie vielleicht gemerkt, dass sie weit davon entfernt sind, tapfere Gotteskrieger zu sein, sondern in Wahrheit nichts als Taugenichtse, die wie Schachfiguren für das Gemetzel geopfert werden. Leider gehörte Urteilsvermögen nicht zu ihrer Ausbildung, sondern nur, blind zu gehorchen, wenn sie sich auch ermächtigt fühlen, ein Gesetz durchzusetzen, das angeblich direkt vom Himmel befohlen wurde, so absurd es auch sein mag. Und niemand wagt es, sich ihnen in den Weg zu stellen.

***

Letztes Jahr, als der Krieg das Reich des Bösen weiter ausgedehnt hat und der Lärm der Waffen und Bomben Alltag wurde, beschloss ich, eine Musikschule für die Kinder in Qaryatein ins Leben zu rufen. Wie heißt es doch so schön? Musik veredelt den Charakter! Ich glaube ja, dass es einem Kind, das eine Geige in seiner Hand gehalten hat, später als Erwachsener schwerer fällt, ein Maschinengewehr zu tragen. Zumindest weiß es, dass es noch andere Töne als die von ratternden Kugeln gibt. Ich sprach die christlichen Familien meiner Gemeinde, aber auch viele muslimische Familien an, mit denen mich eine jahrelange Freundschaft und gegenseitige Achtung verband. Aus Höflichkeit unterrichtete ich auch den Mufti[6] über mein Vorhaben. Er hatte keinerlei Einwände, und so kamen auch viele muslimische Kinder regelmäßig zu uns, um im Gemeindehaus ein Instrument zu lernen.

Doch als die dschihadistischen Kämpfer begannen, den Bewohnern von Qaryatein ihre Gesetze aufzuzwingen, kamen sie schnur-

---

6 Sunnitischer islamischer Rechtsgelehrter und Autorität der Stadt. Er ist zur islamischen Rechtsprechung befugt und berät die Gläubigen in allen kulturellen, juristischen und politischen Anliegen.

stracks ins Kloster, um mir den Unterricht zu verbieten. Ein Instrument zu spielen sei für sie *haram*, also verboten. „Das steht im Koran", versicherten sie mir. „Dort steht geschrieben: die Musik vertreibt Gott, sie ist ein Werk des Teufels!" Ich war fassungslos. War ihnen wirklich klar, was sie da sagten? Meine Musikschule war ein Werk des Teufels und der Krieg, die Zerstörung, die Enthauptungen, das war Gottes Wille? Ich war außer mir. „Ihr habt mir keine Befehle zu erteilen", antwortete ich schroff, wohl darauf bedacht, dass mir die anwesenden Kinder meine Angst nicht anmerkten. Gleich darauf verließ ich Mar Elian und ging runter in die Stadt. Dort traf ich den Mufti und drei andere Imame, die gerade vom Gebet aus der Moschee kamen. Das war die Gelegenheit! Ich schlug ihnen vor, mich zur Kirche zu begleiten, um den Kindern beim Musizieren zuzusehen. Ich führte sie durch die Klassen und fragte sie dann: „Ist ein Musikinstrument spielen im Islam *haram*?" Sie versicherten mir, dass es nicht *haram* sei. Daraufhin erzählte ich ihnen von dem unerfreulichen Gespräch, dass ich kurz zuvor geführt hatte. Der Mufti fragte: „Wer waren diese Jugendlichen, die dir befohlen haben, die Schule zu schließen? Ich werde sie rufen lassen." Kurz darauf waren die beiden jungen Männer da. Ich hatte erwartet, dass die beiden ihren Fehler eingestehen würden und der Mufti sie für ihre radikale Haltung tadeln würde. Er sagte aber nur: „Ihr dürft nicht einfach solche Befehle erteilen, dies ist nicht der Zeitpunkt." Was sollte das heißen? War es nun verboten, ja oder nein? Warum setzte der Mufti sich nicht durch gegen die Extremisten? Hieß das mit anderen Worten, dass die Musik bald doch verboten sein würde? Ich war ernüchtert, ja vielmehr beunruhigt. Der Mufti, der unstreitige Autorität genoss, bangte um sein Leben? Selbst er wagte es nicht, diesen jungen Dschihadisten zu wiedersprechen, die ganz offensichtlich ein bis dahin nie gekanntes Gefühl von Macht auskosteten.

Kapitel 1   Mar Elian, Syrien · 21. Mai 2015

Wie bedeutungslos diejenigen, die sich dem bewaffneten Dschihad verpflichtet haben, auch gewesen sein mögen, nun sind sie zu mächtigen Männern geworden. Sie verdienen sehr viel Geld, lassen sich riesige Häuser bauen und fahren in fetten Neuwagen durch die Straßen. Einige von ihnen stammen aus Qaryatein, aber die meisten von ihnen sind Fremde. Blonde, Rothaarige, es sind sichtbar nicht nur Orientalen. Sie kommen durch die Wüste über die Türkei oder den Irak. Sie gleiten durch die Grenzen, selbst wenn diese geschlossen sind, so wie feiner Sand, der einem durch die Finger rinnt.

Die Städte, die von den Kollateralschäden des zerstörerischen Krieges getroffen waren, schienen wieder zum Leben zu erwachen: Neue Gebäude schossen aus der Erde, arme Familien waren plötzlich reich wie durch Zauberhand, die Märkte waren wieder voll. Das Geld floss in Strömen mitten in der dürren Wüste. Man erzählte mir, es käme geradewegs aus Saudi Arabien: „Dort horten sie massenhaft Geld für den Dschihad in Syrien an. Und das landet hier, in den Händen der Kämpfer!" Inzwischen sind diese Kämpfer, die sich zu den Herrn von Qaryatein aufgeschwungen haben, überall gefürchtet. Und das nutzen sie. Sie verhängen ihre Gesetze, ihre Regeln, ihre Gewalt. Sie führen öffentliche Hinrichtungen auf dem großen Platz in der Stadt durch.

Ich sehe es noch vor mir, wie sie einen großartigen Arzt aus Qaryatein hingerichtet haben, den Leiter des Regionalbüros der Baath-Partei, ein herzensguter Mensch, der so vielen Menschen in der Not geholfen hatte. Mir kommen die Tränen, wenn ich an ihn denke. Bei seiner Beerdigung sprach ich ganz offen, angewidert von so viel Gewalt: „Was wollen wir Menschen in dieser Stadt? Leben oder sterben? Wird der Krieg uns den Frieden bringen? Aber gibt es nicht eine andere Lösung? Ihr müsst die Gewalt stoppen, sie führt uns alle, ohne Ausnahme, direkt in die Hölle. Was hatte dieser Mann denn verbrochen, dass er getötet wurde? Nichts, rein gar nichts!" Kurz darauf wurden drei junge Männer der Freien Armee

Kapitel 1   Mar Elian, Syrien · 21. Mai 2015

enthauptet, weil sie sich nicht den extremistischen Gruppierungen anschließen wollten. Ihre Körper ließ man auf dem Platz liegen, wo jeder sie sehen konnte, ihre Köpfe wurden in einen Sack gesteckt und vor das Haus des Muftis gelegt. Ich war entsetzt.

Warum lassen die Menschen zu, dass diese bösartige Ideologie sich in unserem Land ausbreitet? Wie kann es sein, dass so viele Jugendliche, die im Grunde ihres Herzen gute Menschen sind, sich verführen lassen von diesen Reden, die unvereinbar sind mit Gottes Willen? Warum kommt niemand, um diesem Wahnsinn Einhalt zu gebieten? Gibt es irgendjemandem, der dem ein Ende bereiten wird? Man hat eher den Eindruck, dass alles dafür getan wird, damit die Massenvernichtung weitergeht. Die Gemäßigten der ersten Stunde der Rebellion haben sich nicht lange gehalten: aus Sicht der Regierungstruppen sind sie Deserteure, für die Dschihadisten sind sie Ungläubige und Schwächlinge. Wenn sie in die von der Regierung kontrollierten Gebiete fliehen, riskieren sie ins Gefängnis gesteckt zu werden – ist das die Lösung? – und wenn sie bleiben, werden sie mehr oder weniger gezwungen, sich einer Terrormiliz anzuschließen.

Ich kann all diese Fragen nach dem wer, warum und wie, die mir pausenlos im Kopf herumgeistern und auf die ich keine Antwort finde, nicht mehr ertragen. Trotz allem sind sie da und drangsalieren mich. Es ist, als wollten sie raus an die Luft und ich würde versuchen, sie zu ersticken. „Auch du, Ali, frage ich mich, den ich schon als Kind gekannt habe, wirst du auch werden wie sie? Schließt du dich ihnen an, weil du Angst vor ihnen hast? Oder brauchst du das Geld, um deine armen Eltern zu unterstützen? Oder träumst du vom Paradies?" Gestern habe ich mich nicht getraut, ihm diese Frage zu stellen. Heute Morgen will ich sie am liebsten in die Wüste schreien, die mich auch verraten hat. Ihre Ruhe und ihr Schweigen, die ich sonst immer so angenehm fand, empfinde ich jetzt als unerträglich. Ich wünschte, ein riesiger Sandsturm würde

Kapitel 1   *Mar Elian, Syrien · 21. Mai 2015*

sich erheben! Er würde die Kugeln der Maschinengewehre bannen und die Flugzeuge am Fliegen hindern, sodass sie ihre totbringenden Bomben nicht abwerfen können. Wie sehr ich mir doch wünschte, dass dieser goldene Sand zu Treibsand wird! Er würde diese Männer, die sich wie Bestien aufführen, einfach verschlingen und die Munitionskisten unter sich begraben. Aber nichts passiert. Die Wüste verhält sich still und sagt keinen Mucks, als wäre ihr das Drama, das sich hier abspielt, völlig gleichgültig.

Ich stehe unter solchem Druck, ich muss sofort mit meiner Schwester sprechen Ich brauche sie. Ihre Stimme besänftigt mich. Sie lässt mich zur Ruhe kommen. Seit einigen Monaten lebt sie bei mir im Kloster. Davor hat sie in Aleppo gewohnt, doch der Krieg hat das Leben dort unmöglich gemacht. Letztens war ich da, um einen Vortrag über Liturgie zu halten, und bin völlig niedergeschmettert zurückgekehrt. Ich konnte nicht einmal das Haus unserer Kindheit besuchen, oder den großen Park, der einmal so wunderschön gewesen war, mit seinen jahrhundertealten Bäumen, seinen Blumenrabatten, dem gutgepflegten Rasen und den kleinen Bänken, auf denen man sitzen und den Vögeln Brotkrumen zuwerfen konnte. Man hörte, wie die Bomben in einigen Vierteln der Stadt niederhagelten, auch wenn sich sicher kein Mensch dort hineinwagen würde. Meine Schwester fühlte sich dort nicht sicher. Sie bat mich, sie mit nach Mar Elian zu nehmen. Für mich ist es eine große Freude, sie in der Nähe zu haben. Sie ist so lieb, meine kleine Schwester, so sanft! Alles, was sie sagt, ist so verständnisvoll. Immer wenn wir miteinander sprechen, ermutigt sie mich, standhaft zu bleiben und die Hoffnung nicht zu verlieren, sie ermuntert mich, den Notleidenden zu helfen, die zum Kloster kommen und um Essen oder Kleidung bitten.

Als ich gerade auf dem Weg zu ihr bin, höre ich jemanden rufen: „Abuna?" Ich drehe mich um. Ein wie ein Dschihadist gekleideter Mann kommt in den Hof. Er geht auf mich zu. Was wollen diese

Kapitel 1 Mar Elian, Syrien · 21. Mai 2015

Fanatiker jetzt wieder von mir? Ich kann nichts dagegen tun, dass ich zittere. Überall hört man von ihren grausamen Gewalttätigkeiten und dass immer wieder Leute verschwinden ... Vor zwei Jahren wurden unsere orthodoxen Bischöfe Yoanna Ibrahim und Boulos Yazigi entführt und seitdem sind sie verschollen. Genau wie mein Bruder Pater Paolo, der im Juli 2013 in der Umgebung von Raqqa verschwand. Weshalb sollte ich verschont bleiben? Die Dschihadisten kannten meinen Standpunkt. Ich habe mich nie politisch engagiert, für mich als Priester und Christ gibt es keine Partei, ich bin für alle Menschen gleichermaßen da. Ich wollte auch die Waffen nicht, zu denen man mir geraten hatte. Und ich habe den Mitgliedern meiner Gemeinde verboten, sich an allem zu beteiligen, was in irgendeiner Weise mit bewaffnetem Widerstand zu tun hat. Doch egal zu welchem Lager sie sich zählen, für die Kämpfer heißt, sich nicht auf ihre Seite zu schlagen, schon Verrat. Außerdem bin ich für sie nur ein *kāfir*, ein Ungläubiger, weil ich Christ bin, und weil ich ein Mönch bin. Und dann bin ich auch noch für eine Pilgerstätte zuständig, zu der seit Jahrhunderten Christen und Muslime kommen, um die Reliquien eines großen Heiligen zu verehren. In ihren Augen ist das alles ketzerisch. Und zu guter Letzt ist dieses Kloster zu einer Oase des Friedens und Lebens inmitten ihrer Todesherrschaft geworden, die für jeden offen steht, Christen und Muslimen, syrische Soldaten und Kämpfer der Freien Armee. Ohne jede Ausnahme nehmen wir jeden bei uns auf wie einen Bruder, eine Schwester, einen Sohn oder eine Tochter des einen himmlischen Vaters. Das alles muss diesen Söldnern, die im Namen des Islams die Macht in Syrien übernehmen, die christliche Gemeinde auslöschen und einen Islamischen Staat errichten wollen, doch ein Dorn im Auge sein.

Mir ist schon länger klar, dass ich in Gefahr bin, wie alle, die versuchen, Gutes zu tun und sich für den Frieden einsetzen. Als ich Anfang Mai mit anderen Priestern der Diözese Homs an einer

Konferenz teilnahm, überfiel mich eine böse Ahnung. Ich bat sie inständig: „Falls mir jemals etwas zustößt, lasst bitte die Christen in Qaryatein nicht im Stich, holt sie zu euch nach Homs und sucht ihnen eine Bleibe." Auch Marie-Rose habe ich darum gebeten, sie ist eine gute Freundin, ebenfalls Christin und auch aus Aleppo und seit vielen Jahren mit der Verwaltung des kleinen Gästehauses des Klosters betraut. Und auch Hala, die mir bei der Buchführung zur Hand geht. „Falls ich entführt oder getötet werde, bringt alle religiösen Gegenstände in Sicherheit, die Ikonen, die Archive, alles was in der Kapelle, in meinem Büro oder in meinem Zimmer ist!" Und schließlich habe ich gestern eine Mail an meine Freunde in Europa geschickt, um ihnen von meiner Besorgnis zu erzählen: „Die Extremisten des Islamischen Staats nähern sich unserer Stadt. In Palmyra haben sie sehr viele Menschen getötet, indem sie sie geköpft haben. Betet für uns, ich bitte euch."

„*Abuna*", rief der Mann noch einmal und riss mich aus meinen ängstlichen Gedanken, „Ich brauche etwas zu essen für meine Familie".

„Ich gebe dir was. Alles okay in Qaryatein? Ist es ruhig?"

„Alles ruhig, kein Problem, mach dir keine Sorgen."

Ich holte ein paar Päckchen Reis und ein paar Konservendosen und gab sie ihm. Er nahm den Beutel entgegen, murmelte ein zaghaftes „choukran", „Danke", und ging fort. Kaum war er weg, da kam auch schon Pater Barsoum, der Priester der christlich-orthodoxen Kirche von Qaryatein. Wir arbeiten zusammen, seit ich vor fünfzehn Jahren hierhergekommen bin, und haben so ein Zeichen der christlichen Einheit in Bezug auf die muslimische Bevölkerung gesetzt. Wir sind sehr gute Freunde geworden. Über seinen Besuch freue ich mich sehr. Abuna Barsoum ist ein angenehmer Zeitgenosse, hat immer etwas Lustiges zu erzählen, und wir lachen viel zusammen. Wir begrüßen uns herzlich. Zusammen trinken wir Mate und unterhalten uns. Er versucht, mich aufzuheitern, merkt aber schnell, dass mir nicht nach Lachen zumute ist. Pater Barsoum kann verstehen, wie sehr mich meine düsteren Vorahnungen beunruhigen. „Wenn du glaubst, dass es hier zu gefährlich ist, sollten wir fortgehen!", sagt er mit sehr ernster Miene. Abhauen. Das Kloster aufgeben. Aus Qaryatein fliehen. Sich in Sicherheit bringen vor dem Damoklesschwert über unseren Köpfen. Mehr als einmal habe ich schon darüber nachgedacht. Aber am Ende habe ich mich immer dagegen entschieden. Das ist unmöglich! Das würde ja heißen, dass wir vor den Dschihadisten kapitulieren, die nur auf so etwas gewartet haben. Das würde bedeuten, dass wir uns ihrem Terror beugen und sie auch noch in ihrem Tun bestätigen. Und außerdem, wie könnte ich meine ganzen Kinder, katholische und muslimische, genau in dem Moment verlassen, da sie mich am meisten brauchen. Pater Barsoum hat Recht, am vernünftigsten wäre es, sich vor der Bedrohung dieser fanatischen Vereinigung in Sicherheit zu bringen. Unser Leben hier hängt an einem seidenen Faden … Aber wie könnte ich je die ganzen Familien im Stich lassen, all die Kinder und die Alten, die ein wenig Trost von mir erwarten, die ihre Sorgen und ihre Hoffnung mit mir teilen wollen, die nach Mar Elian kommen, um zu beten oder sich Gott anzuvertrauen? Niemals würde ich das Kloster und meine Gemeindemitglieder freiwillig im Stich lassen. Das habe ich auch meinen Freunden in Europa gesagt, mit denen ich per E-Mail korrespondiert habe. „Sofern man uns nicht verjagt, werden wir unser Land nicht verlassen. Wenn die Menschen hier bleiben, bleibe ich bei ihnen."

Es war Zeit zum Frühstücken, aber ich hatte keinen Hunger. Die Angst vor einem großen Unglück hat mir den Appetit verdorben. Obwohl ich eigentlich gerne esse. Dank meiner Schwester und davor dank Marie-Rose werde ich mit kleinen Köstlichkeiten verwöhnt … und habe ein paar Kilos zu viel auf den Rippen. Aber heute kann mich gar nichts trösten. Ich sollte eigentlich

Kapitel 1 — Mar Elian, Syrien · 21. Mai 2015

beten, doch seit Tagesanbruch hatte ich noch keine Minute Zeit, um mich in die Kapelle zurückzuziehen. Die Leute geben sich hier die Klinke in die Hand. Das Telefon klingelt ununterbrochen. Der Chef des Muchabarat (syrischer Geheimdienst), der Anführer der Freien Armee oder der Oberst der syrischen Streitkräfte, alle gehen bei mir ein und aus, um miteinander zu kommunizieren. Zunächst war da dieser junge Mann, dann Pater Barsoum. Jetzt ist eine Mutter da, die um etwas Milch für ihr Baby bittet. Und inmitten all des Trubels versuche ich, meinen inneren Frieden aufrechtzuerhalten, wie eine kleine Flamme, die trotz des Sturms weiterleuchtet, aber meine Unruhe wächst und wächst.

Ein Tag folgt dem nächsten in irrwitziger Geschwindigkeit. Nachts kann ich keinen Schlaf finden. Die Angst wird immer schlimmer, die Müdigkeit erdrückt mich. Ich lege mich kurz hin und versuche zu schlafen, aber vergeblich. Schließlich verlasse ich mein Zimmer, um zu meiner Schwester zu gehen.

Doch in dem Moment erscheinen zwei junge Männer, bewaffnet und maskiert, die mich aufhalten. Ich kapiere schnell, dass sie nicht gekommen waren, um Lebensmittel oder Kleidung abzuholen. „Gib uns deine Autoschlüssel. Sofort!" Während ich meine Taschen absuche, reißt einer der beiden mir meinen Laptop aus der Hand. Brutal stoßen sie mich in den Hof, auf dem noch mehr maskierte Männer stehen. Alle Personen, die im Gästehaus untergebracht sind, werden gezwungen, wieder in ihre Räume zu gehen: Marie-Rose, die Handwerker, die auf der Baustelle arbeiten, die geflüchteten Familien, die bei uns leben. Boutros, einen jungen Novize, der zurzeit im Kloster lebt, zwingen sie, mit zu mir ins Auto zu steigen. Armer Boutros! Ich kenne ihn schon, seit er ein Kind ist. Als ich noch Seminarist war, machte ich häufig ein Praktikum in der syrisch-katholischen Sankt-Elias-Kathedrale in Aleppo bei Pater Georges, der so voller Elan und voller neuer Ideen für seine Kirchengemeinde war. Boutros war dort Messdiener. Ich kannte seine ganze Familie. Jahre später regte sich in ihm die Berufung zum Mönch und er war für eine Zeit nach Mar Elian gekommen, um dort Klarheit zu gewinnen und zu beten.

„Warum nehmt ihr ihn mit? Er hat nichts getan! Er ist nur ein Gast!"

„Damit du nicht alleine bist."

„Aber er ist krank, lasst ihn gehen!"

„Halt den Mund!"

Die beiden Entführer steigen vorne in den Wagen, er rast los und hinterlässt eine Wolke aus Staub und Sand. Es sind erst ein paar Minuten vergangen, seit sie vor meinem Zimmer aufgetaucht sind. Alles ging sehr schnell. Wir passieren die Straßensperre an der Straße zum Kloster und ich kann sehen, dass sie unbesetzt ist. Als ich aus dem Fenster gucke, dreht der Mann auf dem Beifahrersitz sich zu uns um und zieht uns unsere T-Shirts über den Kopf, damit wir nichts mehr sehen können, und fesselt unsere Hände. Wir fahren in halsbrecherischem Tempo. Das Auto schlingert über die holprige Straße in Richtung Berge. Boutros und ich, Pater Jacques Mourad, Klosterbruder vom Orden von Mar Musa, sind gerade von der Miliz Islamischer Staat entführt worden.

Auf einer Gebirgsstraße, Syrien
21. Mai 2015

Ich muss mich zusammenreißen, um nicht laut aufzuschreien. Mit voller Wucht krachen die Schlaglöcher in meinen Rücken, der mir schon lange Probleme bereitet hat. In einer kurzen Pause schreie ich den Entführern durch den Staub, die Hitze und den Motorenlärm zu, ob ich meine Schwester anrufen darf. Ich möchte sie beruhigen. Aber sie erlauben es nicht. Ich mache mir entsetzliche Sorgen. Um Boutros und um mich, aber auch um meine Schwester. Sie wird es nicht ertragen, dass ich in den Händen dieser Fanatiker bin. Ich habe Angst, dass sie, vom Kummer überwältigt, einfach stirbt. In dem Moment weiß ich noch nicht, dass Marie-Rose so geistesgegenwärtig war, sie von dort wegzubringen, unter dem Vorwand, dass ich ganz plötzlich fort musste. Sie hatte veranlasst, dass Youssef, ein junger Mann, der in Mar Elian arbeitet, sie zu Freunden brachte, und rief dann meinen Bruder an, damit er kam, um sie abzuholen. Hala kümmerte sich indessen darum, alle im Tabernakel aufbewahrten Hostien zu weihen, damit die Dschihadisten kein Sakrileg begehen konnten. Marie-Rose raffte alle Ikonen, Bücher, Dokumente, Kelche, Patenen, und Kruzifixe zusammen, die sich in der Kapelle oder meinem Zimmer befanden. Dann fuhr sie zusammen mit Hala und Youssef, so schnell sie konnte, ins dreißig Minuten entfernte Kloster Mar Musa.

Von all dem weiß ich nichts. Ich habe keine Vorstellung davon. Ich kann nur an meine kleine Schwester denken und bin verzweifelt. Vor meinem Geist tauchen Erinnerungen aus unserer Kindheit auf, diese zarten Momente, in denen wir gemeinsam im großen Park von Aleppo oder im Flur unserer Wohnung spielen. Die

Kapitel 2 *Auf einer Gebirgsstraße, Syrien · 21. Mai 2015*

Wohnung war so klein, dass meine Geschwister und ich alle im selben Zimmer schliefen. Ich bin das älteste von fünf Geschwistern. Vor meinem geistigen Auge sehe ich, wie wir uns zanken, wie wir einander dann unter dem gestrengen Blick meiner Mutter um Entschuldigung bitten und gleich darauf wieder ins schönste Spiel versunken sind. Diese Sorglosigkeit. Diese Freude. Mama war eine fantastische Frau. Immerzu hat sie gesungen. Dabei konnte man ihre libanesischen Wurzeln hören. Für die Berge von Hasroun im Norden des Libanons, die Wiege ihrer Familie, hat sie immer eine sehnsuchtsvolle Liebe bewahrt. Sie war Maronitin. Mein Vater war syrisch-katholisch. Seine Familie war ursprünglich orthodox, doch mein Großvater, ein Lehrer und Diakon, war nach einer Meinungsverschiedenheit mit dem Gemeindepfarrer der katholischen Kirche beigetreten. Bei uns zu Hause kamen keine theologischen Überlegungen zum Tragen, um herauszufinden, welcher Kirche man angehörte. Was zählte, war allein das Gefühl! Mein Papa war syrisch-katholisch und gleichzeitig Sakristan der römischen Kirche und der chaldäisch-katholischen Kirche. Er sprach mit uns nie über seinen Glauben, er war, was diesen Punkt betraf, wie die meisten sehr diskret. Aber wenn man sah, mit wieviel Hingabe er seinen Dienst für die Kirche und die Priester verrichtete, konnte man sich ausmalen, wieviel es ihm bedeutete.

Väterlicherseits stammte meine Familie aus Mardin, das heute in der Türkei liegt. Ende des 19. Jahrhunderts lebten in dieser Stadt mit dem prachtvollen historischen und architektonischen Erbe noch ebenso viele Christen wie Muslime. Das war ein seltenes Privileg im Osmanischen Reich. Doch in den Jahren 1914–1915 wurden mehr als eine Million Armenier, Assyrer, Syrer und Chaldäer entführt, deportiert und ermordet. Das war der Zeitpunkt, als meine Großeltern geflohen sind, um der Verfolgung zu entgehen. Viele Menschen starben während des erzwungenen Exils in der Wüste an Hunger oder Durst. Die Überleben-

Kapitel 2   Auf einer Gebirgsstraße, Syrien · 21. Mai 2015

den siedelten sich zunächst an der Grenze an, bevor sie nach Aleppo kamen. Während vieler Stunden erzählte uns meine Tante die erschütternde Geschichte, so wie sie sie auch meinem Vater erzählt hatte. Ihre Eltern starben, zermürbt von dieser Tragödie, als er gerade mal zwölf Jahre alt war. Ihr plötzlicher Tod hinterließ eine große Leere in seinem kleinen Kinderherz. Der Verlust hallte lange in ihm nach und wurde nur durch die Erzählungen seiner großen Schwester abgemildert. Wie er saßen auch wir auf ihrem Schoß und lauschten ihr atemlos. Wenn sie fertig war, bettelten wir, sie möge weitererzählen. Ich bewunderte meine Großeltern dafür, dass sie trotz der schweren Prüfung bis zu ihrem frühen Tod an ihrem christlichen Glauben festhielten. Gleichzeitig war ich traurig, dass ich sie nie kennenlernen durfte. Hatte ich deshalb eine Abneigung gegen alle Türken, Kurden und Muslime, die diese Grausamkeiten begangen hatten? Ich glaube es nicht. Meine Tante achtete sorgfältig darauf, sie nie zu erwähnen. Aus Rücksichtnahme sprach sie immer nur von den Osmanen. Und da ihr Reich längst zusammengebrochen war, dachte sich mein kleiner Schuljungenkopf nichts dabei, wenn sie auf diesen Namen aus einer längst vergangenen Zeit Bezug nahm. Wenngleich ich auch einen gewissen Stolz darüber verspürte, dass zu meiner Familie Märtyrer zählten. Meine Großeltern hatten zwar überlebt, doch tatsächlich hatten viele meiner Großonkel, Großtanten und Cousinen und Cousins nicht so viel Glück gehabt.

Von diesem Erbe und dem lebendigen Glauben meiner Eltern beflügelt, nahm ich die Gewohnheit an, auf dem Schulweg jeden Morgen an der Franziskaner-Kirche Halt zu machen, um ein paar Minuten zu beten. Es war die einzige Kirche, die täglich geöffnet war. Ich ging hinein, sagte ein Vaterunser oder ein Ave Maria, zündete eine Kerze an und nahm sodann meinen Weg zur Schule wieder auf. Mama ermutigte mich immer, diesen Abstecher zu machen. Sie liebte die Muttergottes, ganz besonders die Heilige

Kapitel 2 — *Auf einer Gebirgsstraße, Syrien · 21. Mai 2015*

Jungfrau von Lourdes und sie war es auch, die mir beibrachte, den Rosenkranz zu beten. Sie sprach das Rosenkranzgebet jeden Tag, nachdem sie die Hausarbeit erledigt hatte, abends, wenn wir zu Bett gingen oder zu Beginn der Messe, die sie, in eben jener Franziskanerkirche, an allen Werktagen morgens besuchte. Während der Ferien begleitete ich sie dorthin, nachdem sie mir meine Sonntagskleidung angezogen hatte. Neben den Gebeten, rief sie immerfort den Namen von Jesus oder Maria. Dieses ständige Anrufen von Gott oder der Heiligen Jungfrau ist typisch für unsere orientalisch geprägte Kultur, wo alle Sätze immerzu gespickt sind mit *yallah* („Oh Gott!"), *bismillah* („in Gottes Namen!") oder auch *hamdoullah* („Gott sei Dank!").

Mein Lieblingstag war der Sonntag. An der Seite meines Vaters machte ich als Messdiener die Tour durch alle Kirchen des Viertels von sechs Uhr morgens bis mittags. Mir war es egal, um welchen Ritus es sich dabei handelte, ich wollte einfach nur bei so vielen Messen wie möglich dienen. Hier folgte ich dem Beispiel meines Vaters. Ich begann in der armenisch-katholischen Kirche – das war gleichzeitig die Kirche meiner Schule –, sodann lief ich zur römischen Kirche, wo ich meinen Vater traf, der dort als Sakristan half. Weiter ging es in der Messe der melkitischen Kirche, dann in der maronitischen und zuletzt kam die chaldäische an die Reihe. Unter der Woche bekam ich meinen Vater nicht oft zu Gesicht, denn er ging früh zur Arbeit und kam erst spät nach Hause. Er hatte zwei Jobs. Deshalb genoss ich die sonntägliche Kirchentour an seiner Seite ganz besonders. Mein Glaube wuchs beständig in diesem ökumenischen Gewoge und mit ihm meine Liebe zur Kirche in ihrer ganzen Vielfalt.

An einem der Priester, in dessen Messe ich diente, hing ich ganz besonders. Er war Armenier und ein naher Cousin meiner Mutter und außerdem mein Schulleiter. Zu meiner großen Freude war er oft bei uns zu Besuch. In der Schule war er zwar sehr streng. Doch

Kapitel 2 — Auf einer Gebirgsstraße, Syrien · 21. Mai 2015

bei uns zu Hause entpuppte er sich als liebevoller und freundlicher Mensch, er spielte mit uns und er kam, was mich sehr geprägt hat, niemals ohne sein schönes Priestergewand. Ich war mir sicher, er schlief sogar darin. Er war so eine würdevolle Erscheinung und ich wollte so werden wir er. Er war es auch, der mich, ohne mir dessen bewusst zu sein, auf die Idee gebracht hat, Priester zu werden. Wir sprachen allerdings nie davon. Er war immer hocherfreut, mich zum Altardienst in der Kirche zu sehen, aber die Berufung zum Priester war nie Thema.

Einer seiner Mitbrüder, der innerhalb der melkitischen Kirche Aleppos zum Orden der Basilianer gehörte, war es, der das Thema auf den Tisch brachte, oder vielmehr meine Eltern darauf ansprach. Dieser Priester, älter als der Cousin meiner Mutter, kam, als ich 12 Jahre alt war, mehrere Wochen lang fast täglich zu uns, um meine Eltern davon zu überzeugen, mich ins Kleine Seminar der melkitischen griechisch-katholischen Kirche im Libanon, einem Internat für angehende Priester, zu schicken. Das war für sie und mich gleichermaßen mit großem Kummer und einer Riesenchance verbunden: In den Libanon zu gehen, hieß, Französisch zu lernen, wodurch sich völlig neue Welten auftaten. Die Aussicht, Priester zu werden, machte mich überglücklich. So könnte ich werden wie Mamas Cousin. Am Ende stimmten meine Eltern zu. Ich wusste, dass dies zu meinem Besten geschah und erhob keinerlei Einspruch. Eines Abends suchte Mama meine Sachen zusammen, packte sie in zwei große Koffer, die mein Vater ins Auto trug, und ich fuhr ab. Es war das erste Mal in meinem Leben, dass ich Aleppo verließ. Papa begleitete mich bis zu meinem Bestimmungsort, nahm mich noch einmal fest in seinen Arm und verschwand.

Nach einigen Wochen war die anfängliche Traurigkeit verflogen, ich verbrachte eine fantastische Zeit. Mir gefiel der Französischunterricht und meine Mitschüler waren sehr nett. Wir nahmen täglich an der Messe im byzantinischen Ritus teil und sangen aus vollem Herzen. Aber meine Eltern teilten meinen Enthusiasmus nicht, sie ertrugen es nicht, dass ich weg war. Zwei Monate nach meinem Eintritt, sah ich eines Morgens, wie mein Vater den Hof betrat. Wir lernten gerade „le, la, les". Ich klopfte von innen an die Scheibe des Klassenzimmers, damit mein Vater zu mir herübersah. Als er mich erblickte, bracht er in Tränen aus! Ein paar Sekunden später lag ich in seinen Armen:

„Komm, wir fahren nach Hause."

„Aber ich fühle mich hier wohl!"

Mit dieser Antwort hatte er nicht gerechnet.

„Aber Mama ist ganz krank vor Kummer, sie möchte dich unbedingt sehen."

Er musste mich nicht lange überreden. Ich fuhr so schnell es ging zurück zu meiner Mutter. So kam es, dass ich mein altes Leben in Aleppo wieder aufnahm: unsere syrische Wohnung, die armenische Schule und die Runde durch die römischen, chaldäischen und melkitischen Kirchen.

Ich hatte viele Freunde unter den verschiedenen christlichen Kindern, ganz gleich, welcher Konfession sie auch angehörten, aber zu Kindern anderer Religionen hatte ich so gut wie keinen Kontakt, vor allem nicht zu den muslimischen, die ja die Mehrheit der Bevölkerung darstellten. Wir lebten in Azizieh, einem christlichen Viertel von Aleppo. Ich ging auf eine katholische Schule und in meiner Klasse waren gerade einmal zwei muslimische Schüler aus gutem Hause. Das waren die einzigen Muslime, die ich kannte. Die reichen muslimischen Familien schickten ihre Kinder oft auf christliche Schulen, da diese einen besseren Ruf hatten als andere. Aber außerhalb des Unterrichts kamen Christen und Muslime so gut wie nie zusammen, denn wir lebten in sehr unterschiedlichen Vierteln. Es handelte sich um ein friedliches Nebeneinander, ohne dass man versuchte, in Beziehung zu treten oder gar Freundschaft zu schließen. Es ist auch nicht auszuschließen, dass ein gegenseitiges Misstrauen auf beiden Seiten bestand. Die christlichen Familien hatten die Verfolgung ihrer Vorfahren während des Osmanischen Reichs noch nicht vergessen und die Muslime waren vielleicht beeinflusst durch extremistische Strömungen, die die Christen als *kouffar*, „Ungläubige", ansahen, mit denen jeder Umgang zu vermeiden war. Es gab keine besonderen Probleme zwischen uns, schon gar keine Gewalt, aber jeder lebte seine Religion in seinem Bezirk, ohne auch nur das geringste Interesse für die des anderen zu zeigen. „Ein jeder ist selbst für seinen Glauben verantwortlich und Gott wird richten", sagt ein arabisches Sprichwort.

Einziger Ort der Begegnung war die Arbeit. Mein Vater hatte ein kleines Geschäft und unterhielt gute Beziehungen zu seinen Muslimischen Lieferanten. Diese arbeiteten gern mit meinem Vater zusammen. Wie die meisten Christen genoss er den Ruf, ein ehrbarer Mann zu sein. Für meinen Papa war es das Schlimmste, wenn jemand unredlich war. Er sagte, damit könne man den Muslimen sogar ein Beispiel sein. Er irrte nicht. Die meisten von ihnen hatten tatsächlich Hochachtung vor dem Ruf der Christen, ehrlich zu sein und zu ihrem Wort zu stehen. Dies hätte ein Anlass zum gemeinsamen Miteinander sein können. Über unsere religiösen Unterschiede hinweg, konnte ich auch eine große Gemeinsamkeit feststellen, die allen Menschen des wunderbaren syrischen Volks gemein ist – die Frage ist nur, ob das auch heute noch gilt: die Güte.

Bis auf wenige Momente, in denen die Ignoranz weicht, hat niemand je das Zusammenleben mit den Muslimen thematisiert. Wir sprechen einfach nicht von ihnen oder ihrem Glauben oder ihren Riten. Sie sind nicht Teil unseres Lebens, außer dieses eine Mal bei der Niederschlagung der Muslimbruderschaft. Zwischen 1980 und 1983 kam es zu einer Reihe von gewalttätigen Aufständen, in denen die Islamisten dieser Bewegung auf die Truppen der Regierungsarmee prallten. Das war eine schreckliche Zeit, begleitet von Attentaten und selbst Massakern. Die Wirtschaft des Landes wurde dadurch stark geschwächt. 1981 wurde mein Vater arbeitslos und nahm große Schulden auf sich, um die Familie ernähren zu können. Einige Male sah ich, wie meine Mutter einige ihrer liebsten, von ihren Eltern geerbten Schmuckstücke verkaufte. Das war ein großes Opfer für sie und mir blutete das Herz, als ich es sah.

Diese harte Zeit hat mich als Kind stark geprägt. Als ich älter wurde, war es für mich selbstverständlich, dass ich auf meine Art etwas zum Familienunterhalt beisteuerte. Mit dreizehn suchte mein Vater mir einen Ferienjob bei einem befreundeten Schreiner, damit ich einer sinnvollen Tätigkeit nachging, und ich entdeckte Freude daran, zu arbeiten und im Gegenzug etwas Geld zu bekommen. Es war mein eigener Einfall, meinen Eltern den dürftigen Lohn anzubieten. Sie hatten mich zwar nicht darum gebeten, aber sie waren dennoch froh, dass ich ihnen das Geld gab. Zwei Jahre später ergatterte ich einen richtigen Job in der Druckerei eines Armeniers. Unter der Woche ging ich zur Schule und am Wochenende und in den Ferien arbeitete ich in der Druckerei. Eines Tages hatte ich sogar das Glück, von einem Anwalt als Sekretär eingestellt zu werden. Jeden Abend rannte ich mit meinem Ranzen auf dem Rücken zu seiner Kanzlei. Dort war ich zuständig für die Termine, die ich mit den Klienten vereinbarte und ich öffnete ihnen die Tür und nebenbei erledigte ich meine Hausaufgaben.

Im Laufe dieser ganz besonderen Jahre, in denen man vom Kind zum Erwachsenen wird, verliebte ich mich. Nicht in ein Mädchen, dazu war ich viel zu schüchtern! Ich verbrachte meine Zeit mit zwei Freunden, Joseph, der Mönch und Priester geworden ist, und Bachar, der nach dem Abitur nach Kanada ausgewandert ist, aber ich hatte keinerlei Kontakt zum weiblichen Geschlecht, das mich ebenso faszinierte wie verängstigte. Nein, es

Kapitel 2 Auf einer Gebirgsstraße, Syrien · 21. Mai 2015

war eine andere Muse, in die mich in ihren Bann schlug, und zwar die Kunst. Vor allem die Musik hatte es mir angetan, selbst wenn ich nicht viel davon verstand. Mit Begeisterung hörte ich die Lieder von Fairuz[7] im Radio oder lauschte den Melodien, die Mama ununterbrochen vor sich hin summte. Ich wünschte, ich könnte singen wie sie! Fortan nahm ich meine Musik mit dem Kassettenrecorder auf, um meiner Mutter meine Kompositionen vorzuspielen. Sie lächelte und vergaß auch nie, mich zu loben. Ganz bestimmt waren es ihre Ermutigungen, die mich als Jugendlicher dazu gebracht haben, ein Instrument zu lernen. Eines Tages stand ich vor einem Musikgeschäft und sah ein fabelhaftes Akkordeon. Ich wusste nicht einmal, wie es funktionierte. Aber ich betrat den Laden und kam einige Minuten später mit dem Instrument in der Hand wieder heraus. Ich habe mir selbst beigebracht, wie man es spielt, ich übte oft stundenlang und taste mich so langsam voran, unter dem ermutigenden Blick von Mama, die ganz selig über mein plötzlich aufgeflammtes Interesse für die Musik war. Gleichzeitig hatte ich auch mit der Bildhauerei begonnen, dem Beispiel meines Freundes Bachar folgend, der sich zu einem Bildhauerkurs angemeldet hatte. Ich kaufte mir oft einen Batzen Ton und versuchte, eine schöne Form herauszuarbeiten. Es gelang mir nicht immer, aber es machte mir großen Spaß. Meine Inspirationen suchte ich im Museum, wo es immer Ausstellungen gab. Auch zu Literaturveranstaltungen ging ich sehr häufig. In der Nationalbibliothek lieh ich mir regelmäßig Bücher zur arabischen Literatur, Geschichte oder Musik. Jeden Sonntagnachmittag ging ich nach der morgendlichen Kirchentour allein oder mit meinen beiden Freunden dorthin.

Manchmal jedoch schwänzte ich die Messe. Ich schämte mich, für die in mir erwachenden männlichen Triebe, die mir oft einen

---

7 Libanesische Sängerin, geboren 1935. Sie zählt immer noch zu den berühmtesten Interpreten der arabischen Welt.

Streich spielten. Meine Sexualität erwachte und mein Körper begann, sich zu verändern, ohne dass mein Vater oder meine Mutter mich vorgewarnt hätten. Über so etwas wurde bei uns zu Hause nicht gesprochen. Da musste man alleine durch, auf Gedeih und Verderb. Ich traute mich nicht, in diesem Zustand der Unreinheit die Kommunion zu empfangen. Gerne wäre ich zur Beichte gegangen, aber da ich in allen Kirchen der Stadt Messdiener war, war es gar nicht so einfach, einen Priester zu finden, der mich nicht kannte! Ich hatte Angst, dass sie mich ausschimpfen oder zumindest sehr enttäuscht sein würden. Darum wartete ich, bis die Kirche sich geleert hatte, um allein, in aller Stille beten zu können. In diesen Momenten, von Angesicht zu Angesicht mit Gott vor dem Tabernakel, empfand ich eine tiefe innere Ruhe. Ich bat um Vergebung für meine Sünden und stellte mir Fragen zu meiner Zukunft. Als kleiner Junge wollte ich Priester werden, wie der Cousin von Mama. Und jetzt? Hatte ich immer noch denselben Wunsch? Mir wurde bewusst, dass er dabei war, zu verblassen. Hatte ich meinen Glauben verloren? Nein, auf keinen Fall, das ist undenkbar für uns orientalische Christen. Der Glaube an Gott ist ein Teil unserer Identität, so als wäre er in unserem Blut. Die Kirche ist unser zweites Zuhause: Wenn wir nicht zu Hause sind, dann sind wir im Gemeindehaus, dort gibt es immer eine Messe, ein Rosenkranzgebet, irgendeinen Unterricht, eine Bibelgruppe, ein Treffen der Gemeinschaft junger christlicher Studenten (JEC) oder der Legio Mariae.

Als Zeichen meiner Verbundenheit trug ich immer ein Kreuz bei mir, das mir meine Mutter gegeben hatte. Das Kreuz an sich hatte keinen besonderen Wert, aber für mich war es etwas ganz Besonderes. Ich betete also weiterhin, aber das war auch alles: das Gefühl, zum Priester berufen zu sein, war in den Hintergrund gerückt. Alles, was für mich zählte, war, etwas zu gestalten, eine Skulptur auszuarbeiten oder ein Lied zu komponieren. Und dann

Kapitel 2 Auf einer Gebirgsstraße, Syrien · 21. Mai 2015

die Mädchen, deren Schönheit und Tiefgründigkeit mich mehr und mehr in ihren Bann schlugen – war ich wirklich in der Lage, ihnen für immer zu entsagen? Ich war immer schon sehr schüchtern und ich habe mich nie getraut, ein Mädchen anzusprechen. Wenn eins von ihnen etwas zu mir sagte, wurde ich rot wie eine Tomate. Aber vielleicht würde ich später einmal heiraten wollen? Die Zeit verging und ich zerbrach mir den Kopf über diese Fragen.

Etwas später, zu der Zeit, als ich gerade mein Abitur machte, traf ich zufällig einen alten Priester, den Pfarrer unserer syrisch-katholischen Gemeinde und guten Bekannten meiner Familie wieder. Er war ein sehr braver und würdevoller Mensch. Ich war ihm schon lange nicht mehr begegnet, aber als ich ihn sah, erkannte ich ihn sofort. Ich wollte einfach weitergehen, denn er schien in Gedanken versunken zu sein und erinnerte sich sicherlich nicht an den kleinen Messdiener, der ich einmal gewesen war. Plötzlich kreuzten sich unsere Blicke. Er machte Halt und begrüßte mich. Ich war stolz wie Oskar. War ich etwa etwas Besonderes in seinen Augen? Nachdem wir ein paar Begrüßungsfloskeln ausgetauscht hatten, stellte er mir die alles entscheidende Frage, die wie ein Knall im Gewirr der Stimmen auf der Straße ertönte: „Willst du immer noch Priester werden?"

Ich hatte den Eindruck, dass plötzlich alles um mich herum still war: keine Autos, kein Hupen, kein Kinderlärm. Nichts außer dieser einen Frage, die wie ein Echo mit gewaltiger Intensität in meinem Innern widerhallte. Sie erweckte in mir den großen Wunsch meiner Kindheit wieder zum Leben, den die Stürme der Jugend verweht hatten. „Ja", antwortete ich mit einem breiten Lächeln und ohne nachzudenken. Sagte ich das nur, um ihn nicht zu enttäuschen? Oder war die Antwort deshalb nur so aus mir herausgesprudelt, weil ich sie so lange in meinem Inneren unterdrückt hatte? Wie ein Pfeil, der so lange gespannt wird, dass er sich, wenn er dann endlich abgeschossen wird, so tief in die Zielscheibe einbohrt, dass ihn niemand mehr herausziehen kann, grub sich das „Ja" so fest in mein Herz ein, dass ich es nicht mehr herauszuziehen vermochte. Warum hatte ich das gesagt? Ununterbrochen stellte ich mir diese Frage, zuerst auf dem Heimweg, dann in meinem Zimmer, später als ich im Bett lag und dann als ich mitten in der Nacht aufwachte und noch immer von diesem frenetischen „Ja" verfolgt wurde. Meine Antwort war so unmissverständlich ausgefallen, ich konnte nicht einfach so tun, als hätte ich nie etwas gesagt. Ich hatte mich verpflichtet.

In den darauffolgenden Tagen kam es mir so vor, als wäre meine Berufung, die als kleiner Junge verspürt hatte, wieder aufgelebt und ich spürte, wie der Wunsch in mir wuchs, mein Leben dem Herrn zu schenken. Ich nahm meine alte Gewohnheit auf und ging wieder regelmäßig zur Messe und betete den Rosenkranz. Ich genoss die Zartheit dieses Gebets für Maria, das verbunden war mit der süßen Erinnerung an die unzähligen Male, die ich es auf den Schoß meiner Mutter gekuschelt gebetet habe, selbst wenn mich der stereotype und monotone Charakter des Gebets manchmal gelangweilt hatte. Die Zuneigung zu meiner Mutter brachte mich dazu, ihr von meiner Begegnung mit dem Priester zu erzählen. Sie hörte aufmerksam zu, war aber besonnen genug, diskret damit umzugehen. Sie riet mir, noch einmal in Ruhe über alles nachzudenken und zu beten. In der darauffolgenden Woche ging ich wieder zu ihr und sagte: „Mama, gehst du mit mir zur Kirche, um mit dem Priester zu sprechen? Ich kenne ihn nicht besonders gut und ich möchte, dass du mich ihm vorstellst."

„Jetzt sofort? Aber wir wissen doch gar nicht, ob er überhaupt da ist. Das ist vielleicht nicht der beste Moment …"

„Mama, bitte, bring mich zu ihm!"

Als sie sah, wie ernst es mir war, gab sie nach. In der Kirche versuchte ich, mir nicht anmerken zu lassen, wie sehr ich zitterte. Der alte Priester war da. Mich überkam eine Mischung aus Freude

Kapitel 2   *Auf einer Gebirgsstraße, Syrien · 21. Mai 2015*

und Angst, als er mir *Abuna* Mounir vorstellte, den Pfarrer dieser Gemeinde, der gleichzeitig verantwortlich war für die Berufungen in der Diözese. Er entsprach mehr meinem Alter und erschien mir gleich sehr sympathisch. In der folgenden Zeit bestätigte sich dieser erste Eindruck. Ich traf ihn wiederholte Male. Sein freundlicher Empfang berührte mich. Zwischen uns entstand eine tiefe spirituelle Freundschaft. Die Liebenswürdigkeit, die von ihm ausging, wie die aller Priester, denen ich seit meiner Kindheit begegnet war, gab mir Mut. Ich entschied mich dazu, ihrem Weg zu folgen und ebenfalls Priester zu werden. Ich wollte „Pater" werden, um die Menschen zu ihrem einen wirklichen Vater zu führen. Meine Unterstützung dafür erhielt ich von zwei Müttern: von Mama, die jubelte, als ich meine Entscheidung bekannt gab, und die der Heiligen Mutter, unserer Lieben Jungfrau von Lourdes. Als ich an diesem Tag zu ihrer Heiligenfigur ging, um zu beten, lächelte sie zwar nicht so wie Mama, aber ich bin mir sicher, dass auch sie in heller Freude war.

***

Der Monat Mai ging vorüber. Der Marienmonat. Jeden Tag habe ich gebetet, Maria möge sich für Frieden in unserem zerrütteten Land einsetzen. Ich tauche aus meiner Erinnerung auf, zurück in die grausame Wirklichkeit meiner Entführung, und versuche, nach dem Rosenkranz in meiner Tasche zu greifen. Aber meine Hände sind gefesselt und mein Rücken tut so weh. Ich kann ihn nicht erreichen, selbst wenn ich mich verrenke. Es fühlt sich an, als würden sämtliche Knochen brechen, bei jedem Aufprall auf dieser erbärmlichen Rumpelpiste, die die Entführer mit voller Geschwindigkeit entlanggrasen. Die Hitze ist unerträglich.

Als wir an Höhe gewinnen und die Ebene von Qaryatein verlassen, kommt mir ein Vers aus dem Evangelium in den Sinn:

Kapitel 2 — Auf einer Gebirgsstraße, Syrien · 21. Mai 2015

„Jesus aber sprach zu ihm: Wer seine Hand an den Pflug legt und sieht zurück, der ist nicht geschickt zum Reich Gottes" (Lk, 9:62). Hatte ich als Mönch in Mar Musa nicht Hand angelegt an den Pflug der Begegnung mit unseren Muslimischen Brüdern? Ist diese Prüfung, die mir nach all den Jahren heute auferlegt wird, nicht nur eine Fortsetzung der gepflügten Furche? Genau das ist es ja, was einen Plug ausmacht, sich willenlos führen zu lassen, um das Feld vorzubereiten, damit die Saat aufgehen kann. Soll das bedeuten, dass auch ich mich heute gegen meinen Willen führen lassen soll, vielleicht sogar bis zum Tod, ohne zurückzublicken, um morgen die Früchte ernten zu können? Der Tod ... Wer würde dabei nicht an die Märtyrer denken? Von diesen Fragen gequält, denke ich an die Jungfrau Maria, ich kann ihre tröstliche Anwesenheit spüren. Ich eile auf sie zu. Sie streckt mir ihre Hände entgegen und ich flüchte mich zu ihr. Sie, die sonst immer lächelt, muss sie nicht in Tränen ausbrechen, wenn sie uns in den Händen dieser Wahnsinnigen sieht?

Syrische Wüste, Irgendwo zwischen Qaryatein und Palmyra
21. bis 25. Mai 2015

Als wir nach mehreren Stunden Fahrt anhalten, um irgendwo zu übernachten, steigen die beiden jungen Dschihadisten aus dem Auto und fangen an zu schreien, als wären sie vom Teufel besessen. Mit ihren Waffen feuern sie Schüsse in die Luft ab, die sie mit *Allah akbar*-Rufen begleiten. Dann brüllen sie uns an: „Ihr seid Hunde, *kouffar*! Ihr habt es verdient, dass man euch den Kopf abschlägt!" Sie lassen uns im Auto und während sie weggehen, lachen und kreischen sie wie verrückt. Boutros steht unter Schock. Er erleidet einen Nervenzusammenbruch und fängt wie verrückt an zu weinen und kann nicht wieder aufhören. Er zittert am ganzen Körper. „Hab keine Angst, sie werden uns schon wieder freilassen. Es ist ein schwieriger Moment, aber er wird vorbeigehen."

Habe ich das gerade wirklich gesagt? Ich muss mich über mich selbst wundern. Ich weiß weder, wo wir sind, noch was mit uns geschehen wird, ich weiß nicht, ob sie uns gleich foltern werden oder mir die Kehle durchschneiden, als wäre ich ein gewöhnliches Schaf, aber seltsamerweise verspüre ich keine Angst. Und dieser unerklärliche Mut geht nicht von mir aus. Gott ist da. Durch ihn habe ich die Kraft, nicht zusammenzubrechen und Boutros zu beruhigen. Wir sind nicht allein. Mir wird plötzlich klar, dass der ganze Himmel auf unserer Seite steht. Ich spüre eine fast physische Nähe zu den Heiligen, und das tröstet mich, jetzt da die Nacht uns behutsam umfängt.

Kapitel 3   *Syrische Wüste · 21. bis 25. Mai 2015*

Es ist eine dieser geheimnisvollen Wüstennächte. Mit dem T-Shirt über dem Kopf kann ich sie nicht anschauen, so wie ich es im Kloster immer gemacht habe, aber ich kann sie erahnen, tiefschwarz, unendlich, mit abertausenden von Sternen, einige sind fix, die anderen schwirren über die kargen Berge und offenbaren den grenzenlosen Himmel. Wie viele Male hat mich dieses Schauspiel nicht schon begeistert, die Nacht und die Gestirne. Der Himmel über der Wüste ist in Sommernächten so rein, so dunkel, so nah. Kein Scheinwerferlicht, keine Straßenbeleuchtung und keine Leuchtreklamen trüben die tiefe Dunkelheit, in der allein die Goldklümpchen des Himmels funkeln. Die Dunkelheit ist überall und nirgendwo. Ich muss oft an die drei Weisen denken, die vor Tausenden von Jahren am Himmel einen Stern beobachtet haben, der von so besonderem Licht war, dass sie sich auf den Weg gemacht haben, ihm zu folgen. Wo leuchtet heute dieser Stern des Lebens?

Wir bleiben vier Tage im Auto eingesperrt. Vier Tage, in denen wir nicht aufstehen oder uns bewegen können, in denen wir an Händen und Füßen gefesselt sind und nicht einmal die Augen öffnen können, weil die Entführer sie uns verbunden haben. Vier Tage, in denen wir der prallen Sonne ausgesetzt sind, die am Tag durch die geschlossenen Scheiben dringt, und vier Nächte, in denen uns die Kälte in unsere Knochen kriecht. Vier Tage, in denen wir keine Antwort auf die Fragen und Provokationen unserer Entführer geben. Jeden Morgen fahren sie ein Stück weiter, um in ein anderes Versteck zu gelangen und sich in irgendwelchen Höhlen in der Wüste mit ihren Gefährten der Waffen und des Wahnsinns zu treffen. Abends gehen sie meistens weg, um bei ihren Waffenbrüdern zu übernachten, während sie uns allein und gefesselt in unserem fahrbaren Versteck zurücklassen. Boutros und ich nutzen diese Momente, um miteinander zu sprechen und gemeinsam zu beten.

Am dritten Tag befehlen sie mir, das Passwort von meinem Laptop einzugeben. Ich gehorche, denn ich bin mir sicher, dass ich kein

Kapitel 3 Syrische Wüste · 21. bis 25. Mai 2015

kompromittierendes Dokument auf meinem Laptop gespeichert habe, das sie gegen mich verwenden könnten. Sie gehen direkt in den Ordner *Bilder*. Eins nach dem anderen ploppen alle meine Fotos auf. Plötzlich bekomme ich doch Angst. Das sind alles Bilder vom Kloster, dem Pfarrhaus und den Ferienlagern, die wir mit den Jugendlichen und den Familien veranstalten. Wollen sie die etwa auch entführen?

Ab und zu bieten uns die Dschihadisten etwas Wasser oder Essen an, aber ich nehme nichts von ihnen. Ich bin so wütend auf sie und gleichzeitig so traurig, diese jungen Rekruten in ihrer tödlichen Mission zu sehen! Als ich höre, wie sie sprechen, merke ich, dass ich sie kenne. Ihre Stimmen kommen mir bekannt vor. Einer von ihnen war zum Kloster gekommen, um mir zu befehlen die Musikschule zu schließen. Er hatte behauptet, dass Musik ein Werk des Teufels sei, heute zwingt er uns, Gesänge anzuhören, die die Weltherrschaft beschwören und zum Dschihad und zum Töten von Ungläubigen aufrufen.

Sie wollen uns zwingen, eins davon auswendig zu lernen. Sie verlangen, dass wir die Parolen wiederholen und drohen uns damit, uns zu töten, wenn wir nicht gehorchen. Doch das ist mir egal! Sollen sie mich doch töten, ich weigere mich rundheraus. Es sticht mir ins Herz, wenn ich höre, wie sie mit Inbrunst diese Parolen singen, die sie Gott zuschreiben, oder zu den Gebetszeiten die melodischen Strophen des Korans zitieren. Unermüdlich wiederholen sie, dass Gott der Barmherzige und Gütige ist. Wie können diese Leute gleichzeitig Gott anbeten und uns misshandeln? Einige von ihnen schlagen sogar anderen Menschen den Kopf ab, verschleppen ganze Dörfer oder halten Frauen und Kinder als Sklaven. Und alles in Gottes Namen?

Ich bin so unsagbar verzweifelt darüber, in den Händen dieser Männer zu sein, die behaupten, im Namen Allahs und des Islams zu handeln, obwohl ich mein ganzes Leben der Freundschaft zwischen Christen und Muslimen gewidmet habe! Ihre todbringende Ideologie hat rein gar nichts mit der islamischen Religion zu tun, die ich während meines Lebens durch so viele Männer und Frauen kennengelernt habe. Im Namen des Islams haben sie mir geholfen, mich respektiert, mir ihre Gastfreundschaft angeboten. Und gerade halten uns die Entführer im Namen des Islams als Geiseln gefangen und drohen damit, uns die Kehle durchzuschneiden.

Ich versuche, mir Kraft zuzusprechen, indem ich mir alle schönen Momente in Erinnerung rufe, die ich mit meinen muslimischen Freunden verbracht habe, die unzähligen Male, die wir uns über unsere alltäglichen Problemchen ausgetauscht haben, genauso wie unsere gemeinsamen Gespräche über Gottes Herrlichkeit, mein Leben als Priester und die Arbeit an der Charles-de-Foucauld-Schule. Mein gesamtes Leben als Mönch hat mir gezeigt, dass wir Christen und Muslime nicht auf ewig in gegenseitigem Misstrauen leben müssen, immer in der Angst vor einer unvermeidbaren Auseinandersetzung. Ganz im Gegenteil! Wir müssen lernen, uns gegenseitig mit Wohlwollen zu betrachten, um unter Gottes Blick einen gemeinsamen Weg zu gehen, wie Kinder ein und desselben Vaters. Die Gesamtheit der Christen, wir alle, sind dazu aufgerufen, unseren muslimischen Brüdern die Frohe Botschaft zu verkünden, dass dieser Vater alle Menschen liebt, der Sohn uns alle gerettet hat und der Heilige Geist uns alle leitet.

Meine heutige Gewissheit war mit zwanzig Jahren noch nicht möglich. Die Erzählungen meiner Tante, meine behütete Kindheit in einem rein katholischen Umfeld und die Ausbildung im Priesterseminar, wo man uns immer nur an die problematischen Aspekte des Islams herangeführt hat, haben mich zu Beginn meines Erwachsenenlebens eher dazu ermuntert, Abstand zu den Muslimen zu halten. Doch mit der Zeit lernte ich, den gemeinsamen Alltag mit anderen Gläubigen zu schätzen. Die neu entstandene Freundschaft bedeutete mir sehr viel. Durch die mir gleichzeitig so nahen und fernen Brüder und Schwestern erfuhr ich, was universelle Nächstenliebe und christliche Hoffnung wirklich bedeuten. Für mich war das ein großer Entwicklungsschritt. Es war wie eine Bekehrung.

***

Mit achtzehn machte ich mich zum zweiten Mal auf den Weg in den Libanon. Das erste Mal war ich ins Kleine Seminar eingetreten und für gerade mal zwei Monate geblieben. Jetzt war ich unterwegs ins Große Seminar im Kloster Unserer Lieben Frau von der Erlösung und würde für mehrere Jahre dort bleiben. Es brach mir das Herz, Aleppo zu verlassen. Dort war ich aufgewachsen, dort hatte ich meine Berufung gefunden. Gerade hatte ich mein Sabbatjahr beendet, das ich auf Anraten von Pater Mounir gemacht hatte. Er hatte mir empfohlen, nach dem Abitur noch ein weiteres Jahr in Aleppo zu bleiben, um meiner Entscheidung Zeit zum Reifen zu geben. So hatte ich weiter in der Druckerei gearbeitet und ging nebenbei zu Treffen der JEC und nahm mir Zeit, um innere Einkehr zu halten. Die wertvolle Begleitung durch den Pater erlaubte mir, meine Entscheidung, ins Seminar einzutreten, zu prüfen und für mich zu bestätigen.

Ich erreichte Harissa, das oberhalb der Stadt auf dem Berg lag und kam zum ersten Mal in meinem Leben nach Charfet, ins große Seminar der syrisch-katholischen Kirche. Es lag inmitten eines paradiesischen Parks an einem Berghang, der mir den Atem raubte, beim Anblick der spektakulären Aussicht auf die unermessliche Weite des Mittelmeers. Das herrschaftliche Gebäude aus blütenreinem Weiß beherbergte alle Seminaristen unserer Kirche, die aus der Region des Vorderen Orients stammten. Ich war der Jüngste von allen. Neben mir gab es einen weiteren Syrer, einen Libanesen und zwölf Iraker. Die Iraker waren mir nicht sehr sympathisch. Sie waren unfreundlich und hatten ein ungehobeltes Betragen. Bis dahin hatte ich mir das Seminar wie das Paradies auf Erden vorgestellt, die Iraker stießen mir mit ihrem Benehmen die rosarote Brille von der Nase, die mir seit meiner Abfahrt aus Aleppo den Blick verschleierte.

Am ersten Abend wurde mir ein Zimmer zugewiesen, in dem ich todmüde von der Reise und froh, mich ein wenig zurückziehen zu können, sofort einschlief. Am nächsten Morgen empfingen mich die Iraker mit höhnischem Lachen: „Du hast im Zimmer eines Toten geschlafen!" Ich erfuhr, dass am Tag vor meiner Ankunft ein Priester in seinem Zimmer verstorben war, genau in dem Zimmer, das man mir zugeteilt hatte. Sie sahen das als schlechtes Omen. Ich sah es nicht so, im Gegenteil, ich hatte eher den Eindruck, Gott wollte mir ein kleines Zeichen geben. Er wollte mir zeigen, dass ich durch dieses Gott geweihte Leben, welches ich von nun an führen würde, in die Fußstapfen eben jenes Priesters steigen würde, der in den Himmel eingegangen war. Ich übernahm seine Nachfolge. Das erfüllte mich mit Freude und ich beschloss zum Erstaunen aller, in diesem Zimmer zu bleiben. Für mich war es ein gesegneter Ort!

Untergebracht waren wir in Harissa und tagsüber besuchten wir Kurse in Philosophie, Theologie oder Kirchengeschichte an der großen Päpstlichen Heilig-Geist-Universität Kaslik. Ich tauchte in eine völlig neue Welt ein und war überwältigt vom regen Leben in dieser renommierten maronitischen Institution, in der würdevolle Priester in schwarzen Soutanen sich ungezwungen mit den westlich gekleideten, wunderbaren Studenten mischten. Dieser Ort, an dem es einfach alles gab, wo Christen und Muslime in Freundschaft lebten und Jungen und Mädchen Hand in Hand spazieren gingen, begeisterte mich sofort. Ich war ganz begierig darauf, diese neue Welt zu entdecken, die so anders war als das Seminar, wo ich mich trotz der anfänglichen Schwierigkeiten zu Hause

Kapitel 3 Syrische Wüste · 21. bis 25. Mai 2015

fühlte und glücklich war. Schon bald hatte ich mich der Studentengruppe Alraiyeh l'jami'ieh und dem Unichor angeschlossen. Ich liebte es immer noch, zu singen und Musik zu machen. Im Libanon wurden die Alben von Fairuz im Radio rauf und runter gespielt. Ich war begeistert von ihrer Musik und ihren Texten. Sie erinnerten mich an meine Mutter und an Aleppo.

Hier begegnete ich dem Islam erneut, der fortan meinen Weg bestimmen sollte. Auf dem Pfad, den ich beschritt, wurde wenig und grundsätzlich negativ darüber gesprochen. Das erstaunte mich nicht. Es deckte sich sogar mit dem Bild, das ich von dieser Religion hatte. Bis zu dem Tag im ersten Studienjahr, an dem ich zusammen mit einigen Kommilitonen an Exerzitien des Pater Afif Osseïran teilnahm. Zum ersten Mal erkannte ich, dass der Islam noch ein anderes Gesicht hatte. Afif Osseïran war selbst ein Muslim, der zum Christentum konvertiert und Priester geworden war. Er hegte aber keinerlei Feindseligkeit gegenüber seinen alten Glaubensgenossen. Später, während des libanesischen Bürgerkriegs setzte er sich sogar mit sehr viel Mut für alle verwaisten Kinder und Jugendlichen ein, ohne irgendeinen Unterschied zu machen, getreu dem Geist des Evangeliums, das zu grenzenloser Nächstenliebe auffordert[8]. Sein Zeugnis ist erschütternd.

---

8 Afif Osseïran ist im Westen so gut wie nicht bekannt, im Orient wird er jedoch von Christen und Muslimen gleichermaßen als Heiliger betrachtet. Afif Osseïran wurde 1919 in Saïda geboren und gehörte zu einer schiitischen Familie, der am häufigsten vertretenen Gruppe in dieser Region. Zunächst studiert er in Saïda, dann geht er an die islamische Makassed Universität in Beirut, später schreibt er sich in der US-amerikanischen Universität von Beirut ein. Eines Tage, als er gerade zum Gebet in der Moschee ist, hat er ein tiefgreifendes spirituelles Erlebnis. Daraufhin beginnt er, das Evangelium zu lesen und ist tief berührt von Jesus, der spricht: „Ich aber sage euch: Liebet eure Feinde." Afif Osseïran beschließt, Christ zu werden, und wird 1945 in Beirut getauft. Nach seiner Konversion geht er nach Belgien, um zu studieren und schließt dort an der Katholischen Universität Löwen mit einem Doktor der Philosophie und einem weiteren in Islamwissenschaften ab. 1951 geht er zurück nach Saïda und beschließt, sich fortan für die Ärmsten der Armen zu engagieren: er eröffnet ein Heim für Straßenkinder und einen Kindergarten. 1953 tritt er in den Orden der Kleinen Brüder Jesu in der Sahara ein und wird gleich entsandt, vor allem in den Iran und nach Afghanistan. 1962 verlässt er die Bruderschaft, bevor er sein ewiges Gelübde ablegt, kehrt zurück in den Libanon und wird zum Priester der maroni-

Kapitel 3 Syrische Wüste · 21. bis 25. Mai 2015

Zur selben Zeit lernte ich *Abuna* Gabriel Kato kennen. Er war ein syrischer Priester und stammte ursprünglich aus Mardin, der Gegend, aus der meine Großeltern geflohen waren, um den Massakern der Osmanen zu entkommen. Durch diese gemeinsame Herkunft fühlten wir uns sogleich verbunden. Seine eigenen Eltern waren während der Pogrome in den Jahren 1914–1915 ums Leben gekommen. Nachbarn hatten sich des elternlosen Kindes angenommen und ihn bis zu seinem Eintritt ins Seminar erzogen. Nach seiner Priesterweihe verbrachte er sein gesamtes Gemeindeleben in der kleinen Kirchengemeinde Amouda, das auf einem Berg gegenüber von Mardin lag. Mit dem Untergang des Osmanischen Reiches wurden die Grenzen neu festgelegt und sein Heimatdorf gehörte fortan zur Türkei. Sein gesamtes Leben in Amouda konnte er auf das Haus seiner Eltern sehen, ohne jemals dorthin zurückkehren zu können. Und trotzdem hat er niemals Erbitterung oder Wut in sich aufsteigen lassen. Im Gegenteil, während seiner ganzen Amtszeit leistete er Unglaubliches. Er hat eine Kirche, eine Schule und ein pastorales Zentrum gebaut und zudem viele Projekte für Kinder und Familien angestoßen.

Wie konnte es sein, dass jemand, der so viel Leid erfahren hat, so voller Freude, Frieden und Hoffnung war? Inzwischen befand er sich im Ruhestand und war zu einer Art spirituellen Leiter für die Seminaristen geworden. Zwischen uns entstand eine tiefe

---

tischen Kirche des Erzbistums Beirut geweiht. Er lehrt Philosophie und Hebräisch an der Universität und gleichzeitig kommt er seinen priesterlichen Pflichten nach, indem er den Allerärmsten hilft, vor allem den Kindern und Jugendlichen. Während des Bürgerkriegs führt er seine humanitären Hilfsaktionen fort, obwohl ein Anschlag auf ihn verübt wird, und agiert als Friedensstifter zwischen den unterschiedlichen Gemeinschaften und Religionen. Seine Freunde erzählen, dass er oft den Anfang der Schahāda rezitiert hat, das Glaubensbekenntnis des Islams, „La ilaha illallah" („Es gibt keinen Gott außer Gott"), und diesem dann hinzufügte „Yassouh ibn Allah" („Jesus ist der Sohn Gottes"). Er starb 1988. 2011 gab der Patriarch der maronitischen Kirche dem Antrag auf Seligsprechung des Pater Afif Osseïran grünes Licht. Um einen tieferen Einblick in sein bewegtes Leben zu erhalten, sei folgendes Buch empfohlen: Jacques KERYELL, Afif Osseïran (*1919 – 1988*), *Un chemin de vie*, Paris, Cerf, 2009.

Kapitel 3 — Syrische Wüste · 21. bis 25. Mai 2015

Freundschaft. Oft gingen wir am Samstag zusammen in den Garten, um gemeinsam zu gärtnern. Während wir Unkraut zupften oder Saat austrugen, unterhielten wir uns über das Wunder der Schöpfung und über die Schönheit der Natur. Wir standen immer um 5 Uhr 45 auf, um eine Dreiviertelstunde zu beten, bevor die Messe begann, und jeden Morgen, erwartete er mich am Fuß der Treppe, die zur Kapelle führte. Diese Zeit nahm er sich, um mir tagtäglich einen kleinen Zettel zu geben, auf den er einen Satz aus dem Evangelium oder von Johannes vom Kreuz oder Teresa von Ávila, Thérèse von Lisieux oder vom Heiligen Ephräm geschrieben hatte.

Warum hat er das getan? Ich wagte nicht, ihn zu fragen. Ich war sehr berührt von dieser Geste und gab mich damit zufrieden, das Papier mit einem schüchternen Lächeln entgegenzunehmen, bevor ich die Kapelle betrat. Dank ihm musste ich nicht lange nach einer Inspiration für meine tägliche Meditation suchen. Jeder seiner Sätze berührte mich auf eindrückliche Weise: Er versorgte mich mit spiritueller Nahrung.

Am 1. Dezember 1986 lud *Abuna* Gabriel alle Seminaristen ein, mit ihm zu den Kleinen Schwestern Jesu zu gehen, zu denen auch Paola und Thérèse gehörten, die ich schon von der Uni gut kannte. Sie waren die ersten Mädchen, mit denen ich zu sprechen wagte, denn ein Missverständnis war ausgeschlossen: Sie waren Nonnen, ich Seminarist. Die Sache zwischen uns war also klar!

Der Pater wollte eine Messe zu Ehren des 70. Todestags von Charles de Foucauld feiern. Den meisten von uns war er vollkommen unbekannt. *Abuna* Gabriel erzählte uns die Geschichte dieses Heiligen aus der Sahara und ich war tief bewegt von ihr, ohne genau zu wissen warum. Damals wusste ich noch nicht, dass auch ich eines Tages dazu berufen sein würde, als christlicher Mönch unter den muslimischen Brüdern zu leben, mitten in der Wüste, dem Dialog und der Freundschaft verbunden, als Zeuge des Evangeliums. Die Kleine Schwester Paola schenkte mir ein Foto von Charles de Foucauld, auf dessen Rückseite sein wundervolles Gebet der Hingabe abgedruckt war, das er kurz vor seiner Ermordung geschrieben hatte:

> Mein Vater, ich überlasse mich dir,
> mach mit mir, was dir gefällt.
> Was du auch mit mir tun magst, ich danke dir.
> Zu allem bin ich bereit, alles nehme ich an.
> Wenn nur dein Wille sich an mir erfüllt
> und an allen deinen Geschöpfen,
> so ersehne ich weiter nichts, mein Gott.
> In deine Hände lege ich meine Seele;
> ich gebe sie dir, mein Gott,
> mit der ganzen Liebe meines Herzens,
> weil ich dich liebe,
> und weil diese Liebe mich treibt,
> mich dir hinzugeben,
> mich in deine Hände zu legen, ohne Maß,
> mit einem grenzenlosen Vertrauen;
> denn du bist mein Vater.

„Sprich es an jedem Tag deines Lebens", riet mir *Abuna* Gabriel.

Eine andere Begegnung stand noch bevor, zweifellos die bedeutsamste. Sie sollte mich definitiv zu meiner Berufung leiten. Der andere syrische Seminarist in Harissa hieß Jihad. Als Landsmänner wurden wir schnell enge Freunde. Er war es, der mich an der Uni mit Paola und Thérèse bekannt gemacht hatte. Seit meiner Ankunft erzählte er mir ständig von einem gewissen Paolo Dall'Oglio. Ein Jesuit und als Priester im syrisch-katholischen Ritus ordiniert, ein Christ, der den Islam liebte, ein Italiener, der sich für Kunst, das nationale Kulturerbe und die arabische Sprache begeisterte. Er war eine bewundernswerte und charismatische Persönlichkeit und hatte vor ein paar Jahren damit begonnen, ein vor mehr als drei Jahrhunderten verlassenes altes Kloster mitten in der Wüste zu restaurieren.

Der junge Paolo war noch Novize in Rom, als er 1977, mit nur 23 Jahren, den Ruf verspürte, „sein Leben in den Dienst der Muslime zu stellen". Er erwirkte die Erlaubnis, in den Libanon gehen zu dürfen, um Arabisch zu lernen. Zurück in Europa studierte er Arabistik und Islamwissenschaft an der Universität von Neapel. Nach einem kürzeren Aufenthalt in Israel, wo er sich mit dem Hebräischen vertraut machte, wurde er nach Damaskus in Syrien entsandt und entdeckte dort die syrische Liturgie. Mehr als alle anderen entspreche sie der islamischen Art zu beten, sagte er, und beschloss, Priester im syrisch-katholischen Ritus zu werden. Zwei Jahre vor seiner Ordination, 1984, ging er eines Nachts in die Wüste zwischen Damaskus und Homs hinaus und stieß dort auf ein verfallenes altes Kloster in der Nähe der Stadt An Nabk. In dessen Innern fand er eine alte Kirche, ihr Dach war bis auf die Mauern eingestürzt, doch an ihren Wänden konnte man noch Reste jahrhundertealter Fresken erkennen. Magisch angezogen von dem geheimnisvollen Wüstenkloster, setzte Paolo alles daran, mehr über die Festung und die mögliche Entstehung der Fresken zu erfahren. Tatsächlich handelte es sich um das Kloster Dair Mār Mūsā al-Habaschi oder auch „Kloster des heiligen Mose von Abessinien", eines der ältesten Zeugnisse mönchischen Lebens im Orient.

Moses von Abessinien war im sechsten Jahrhundert aus seinem Land geflohen. Er strebte nach einem Leben im Gebet in der Abgeschiedenheit der Wüste und hatte auf seinem Weg Ägypten und Palästina durchquert, schloss sich in Syrien im Jakobinerkloster Qarah einer Gemeinschaft von Zönobiten an, bevor er schließlich Eremit wurde. Zunächst wohnte er in einer Höhle, später zog er in die Ruine eines alten Wachturms, der zwei Jahrhunderte zuvor noch den Römern zur Überwachung der Seidenstraße gedient hatte. Mithilfe einiger junger Männer errichtete er eine kleine Kirche, dessen erste urkundliche Erwähnung in einer syrischen Handschrift von 575 datiert ist. Lange Zeit war die Kirche das einzige Gebäude des Klosters, denn die Mönche verbrachten die Woche in den angrenzenden Höhlen und kamen nur am Samstag in der Kirche zusammen[9]. Sie widmeten sich dem Gebet und dem Anbau von Gemüse und Obst. Einige unter ihnen hatten sich bei Bauern der Umgebung als Arbeitskräfte verdingt. Erst im 11. Jahrhundert wurde die Stätte zu einem richtigen Kloster ausgebaut und trug fortan den Namen Mar Musa, im Gedenken an den heiligen Moses von Abessinien, der das klösterliche Leben an diesem Ort begründet hatte. Um die eigentliche Kirche herum bauten sie mehrere kleinere Gebäude, die im Laufe der Jahrhunderte mit prachtvollen Freskengemälden verziert wurden. Die Malereien erzählten von Adam und Eva, vom Jüngsten Gericht, vom Leben Jesu, von Heiligenlegenden und Kirchenvätern. Das Klosterleben in Mar Musa lebte fort bis zum Beginn des 18. Jahrhunderts, als die letzten Mönche von Mar Musa, vom Schisma zwi-

---

9   Trotz der Christenverfolgung gab es in den ersten Jahrhunderten nach Christi in Ägypten wie auch in Syrien vereinzelt eremitisches Leben. Nach der Mailänder Vereinbarung kam es zu einem Aufschwung des monastischen Lebens im nördlichen Syrien, das heute zum Süden der Türkei gehört (Antiochien war eine Stadt in Syrien und die Perle des Christentums aus diesem Land. Für syrische Christen ist diese Tatsache eine offene Wunde.) In dieser Gegend hatten sich junge Christen zusammengefunden, um in Gemeinschaft oder als ein Einsiedler ein Gott geweihtes, kontemplatives und asketisches Leben zu führen. Unter ihnen fanden sich Anachoreten, die in Höhlen, einer Klause oder sogar auf einer Säule lebten und Zönobiten, Klostermönche, die zwar zurückgezogen von der Welt, aber in einer klösterlichen Gemeinschaft lebten. Ferner gab es noch Laures, in der die Mönche in einer Mischung aus Eremitendasein und Klostergemeinschaft lebten. Sie lebten dabei zwar als Eremiten in Höhlen, feierten aber die Liturgie gemeinsam und trafen sich zur Vesper am Vorabend zum Sonntag oder an wichtigen Festtagen. Gemeinsam feierten sie Eucharistie und sangen die ganze Nacht hindurch bis zum Morgengrauen Psalmen, um Gott zu preisen. Nach der *Agapè* genannten Liebesmahlfeier, ging jeder wieder zurück in seine Einsiedelei, bis zum nächsten Samstag. Ab dem sechsten Jahrhundert wurde dieses Modell des halb-eremitischen, halb-zönobitischen Klosterlebens auch an einem Ort übernommen, der später den Namen Mar Musa erhielt.

schen Katholiken und Orthodoxen geschwächt und Opfer der Unterdrückung durch die Osmanen, in den Libanon zogen, um dort das Kloster Sankt-Ephräm zu gründen. Einige jedoch waren in das dem Kloster nächstgelegene Dorf An Nabk gezogen und gründeten dort eine Pfarrgemeinde. Bis 1831 besuchten sie das Kloster gelegentlich, gaben dies jedoch auf, als die ursprünglich orthodoxe Gemeinschaft von An Nabk sich der Katholischen Kirche anschloss.

Der Gesang der Mönche im Wüstenkloster Mar Musa verstummte, man überließ es dem Sand und dem Wind. Die Höhlen blieben leer. Die Kirche, das Kloster, die wundervollen Fresken, alles wurde der Verwahrlosung anheim gegeben. Nur einige Bewohner von An Nabk kamen noch von Zeit zu Zeit, um dort zu beten. Und zuweilen fand ein Hirte Zuflucht für die Nacht. Bis zu der Nacht im Jahre 1982, als Paolo auf die verlassene Zitadelle stieß. Es war, als hätte er Dornröschen aus ihrem Schlaf erweckt, die dort, versteckt hinter den Runzeln der Zeit, seit Jahrhunderten auf den Prinzen wartete, der sie ins Leben zurückholen würde.

Es war Liebe auf den ersten Blick und Paolo setzte sich in den Kopf, das Kloster zu restaurieren. Für den Wiederaufbau rekrutierte er ein paar Jugendliche aus Syrien und Italien. Einer von ihnen war Jihad, der syrische Seminarist aus Charfet. Seine Augen begannen zu leuchten, wann immer er von Mar Musa sprach. Er erzählte mir, dass Paolo Reste von fantastischen Fresken aus dem 11. und 13. Jahrhundert entdeckt hatte und das Mar Musa einer der ersten Orte klösterlichen Lebens in Syrien gewesen war.

Das alles sagte mir nichts, ich wusste nicht einmal genau, was ein Mönch überhaupt war. Ich kannte nur die Gemeindepriester oder Schuldirektoren aus Aleppo und Kirchengeschichte hatte ich im Studium noch nicht kennengelernt, aber die Geschichten von Jihad begeisterten mich sofort. Jihad musste nur das Wort „Wüste" aussprechen und schon beschwörte er meine unerklärliche und seit meiner Kindheit existierende Faszination für die Wüste herauf. Dieses Kloster faszinierte mich, obwohl ich es nicht einmal kannte. Und noch dazu sprach Jihad mit solch einer Begeisterung von Pater Paolo! Von seiner Art zu beten und die Messe zu zelebrieren und wie er mit ihnen über die Texte aus der Bibel sprach, und seinen Mut, diesen bedeutsamen Ort des monastischen Lebens im Orient wiederzubeleben, all das entflammte so eine Begeisterung in Jihad, dass ich ganz wild darauf war, diesen bemerkenswerten Jesuiten ebenfalls kennenzulernen. Ich beschloss, auch nach Mar Musa zu fahren. Irgendwer oder irgendwas würde sich dort schon ergeben.

Als Jihad hörte, dass Paolo mit ein paar Jugendlichen aus Aleppo in Mar Musa Weihnachten feiern wollte, schlug er mir vor, mitzukommen. Und so ging ich, nachdem ich mit Bus und Auto einen Tag bis nach An Nabk gefahren war, am 25. Dezember zum ersten Mal zu Fuß über diesen einzigartigen Weg durch die felsige Wüste. Dabei stieß ich auf eine Gruppe von Beduinen, die mit ihren Herden dort entlang zogen, so wie vor ihnen schon andere seit tausenden von Jahren. Am späten Nachmittag konnte ich plötzlich die riesige Zitadelle mit ihren so gut wie unversehrten Mauern ausmachen, die sich erhaben über die Felsen erhob. Die Sonne brannte vom Himmel, und ich war so geblendet, dass ich kaum die Augen öffnen konnte, um Mar Musa zu sehen.

Es erinnerte mich an die Arche Noah, die auf ihrem armenischen Berg gestrandet ist oder an den Krak des Chevaliers über der El-Bukeia-Ebene. Karg, aber deshalb nicht weniger majestätisch thronte es mit seinen hohen Festungsmauern im Licht der gleißenden Sonne. Mit stiller Autorität regierte es über die Wüste.

Ich ging schneller, um zur Tür hinaufzukommen. Eine schier endlose Treppe führte um den Berg herum, hinauf zum Eingang. Wie bei allen orientalischen Klöstern war die Tür eine Art gewölbter Gang zwischen dicken Mauern. Durch diese besondere Bau-

Kapitel 3 Syrische Wüste · 21. bis 25. Mai 2015

form wurde verhindert, dass Tiere sich in die geheiligte Stätte verirrten. Vor allem aber zwang es die Besucher, sich beim Eintritt fast bis zum Boden zu beugen. Die Konvention verlangte, dass man sich niederkniete und sprach: „Ehre sei Gott, in Ewigkeit!" Es war also ein Eingang, der einen bewog, sich zu erniedrigen, demütig zu sein, sich klein zu machen; ein Eingang, der von seinen Besuchern verlangte, durch das Dunkel hindurchzugehen, bevor man hinaustrat ins Licht, das den ganzen Hof erfüllte; ein Eingang, der mir verwehrt blieb, bei meinem ersten Besuch: Die Tür war zu! Paolo und die Jugendlichen waren schon wieder abgereist, sie hatten hier nur Heiligabend gefeiert. Ich war völlig frustriert und trotzdem glücklich, denn jetzt konnte ich verstehen, warum Jihad so begeistert war von Mar Musa. Mich hatte es genauso umgehauen.

Ein paar Monate später hatte ich wieder die Gelegenheit nach Mar Musa zu fahren. Das Schuljahr war zu Ende. Und nachdem ich für zehn Tag bei meinen Eltern gewesen war, stieg ich in einen *Hop-Hop*[10] Richtung An Nabk. Auf dem Weg zwang ein Unfall den Bus, einen Umweg zu nehmen, wodurch sich die Reisezeit beträchtlich verlängerte. Am Abend erreichte ich schließlich mein Ziel: An Nabk, Fußweg durch die Wüste, die endlose Treppe, der gewölbte Eingang. Dieses Mal offen! Im Innern liefen überall Jugendliche herum, die Steine schleppten, Mauern hochzogen oder Zimmer reinigten, die als Ställe gedient hatten. Mitten unter ihnen befand sich ein Mann, ein Europäer in kurzer Hose und T-Shirt und gräulichem Bart, der gerade etwas schrie: Paolo. Er war über und über mit Staub bedeckt und trug in seinen Armen mehrere schwere Steine. Ich war tief beeindruckt, ihn so zu sehen, hier auf dieser Baustelle, als wäre er einfach ein Freiwilliger mehr. Ich bahnte mir einen Weg zu ihm, um mich vorzustellen. „Ich bin Seminarist aus Harissa!", eröffnete ich ihm stolz. Ich dachte, diese

---

10 Umgangssprachlicher Name für Minibusse, die in Syrien den öffentlichen Nahverkehr (aufs Land) gewährleisten.

Tatsache würde mir besondere Beachtung zuteilwerden lassen. Es beeindruckt ihn nicht im Geringsten. Er lud mich einfach ein, an der Abendmesse teilzunehmen.

Wie alle anderen vor mir, streifte auch ich meine Schuhe ab, bevor ich den atemberaubenden Kirchenraum mit den von uralten Malereien bedeckten Wänden betrat, nur beleuchtet von einem Meer aus kleinen Kerzen. Die prachtvollen Farben standen in starkem Kontrast zu den nüchternen Farben der Wüste. Paolo zelebrierte die Eucharistie im Sitzen, direkt auf dem Boden. So etwas hatte ich noch nie gesehen. Ich war verblüfft und begeistert. Um mich herum erzählten die Fresken ohne Worte, aber in strahlenden Farben von der Hölle und dem Paradies, vom Alten Testament und vom Evangelium. Die Bilder waren aus Stein, aber im flackernden Kerzenschein sah es aus, als würden sie tanzen. Ich bekam den Eindruck, als würde ich wahrhaftig dem Mysterium der Fleischwerdung eines Gottes beiwohnen, bei dem Gott Mensch wird, Wort wird, Brot wird. Mich überkam das Gefühl einer tiefen Verbundenheit zu dem Allmächtigen, verbunden mit einer großen Bescheidenheit. Paolo gab der Stille viel Raum. Er fand, dass man das Mysterium nicht erzählen könne, sondern erleben müsse. An diesem Abend waren wir nur eine kleine Gruppe und doch war der ganze Himmel zugegen. Die Heiligen auf den Bildern an allen Wänden und Decken der Kapelle waren beseelt und nahmen an unserer Feier teil. So wie das Schimmern einer Perle manchmal erst durch die Schatulle bewirkt wird, in der sie ruht, intensivieren die absolute Schlichtheit der Liturgie, verbunden mit der Schönheit und der Geschichte dieses Ortes, die tiefe Wirkung der heiligen Messe und des gemeinsamen Mahls, was ja die Messe eigentlich ist. Wie die anderen um mich herum saß auch ich auf dem Boden, doch ich hatte das Gefühl zu schweben. In dieser Zitadelle, die scheinbar zwischen dem Sand und dem Himmel hing, der hier so nah war, hatte ich das Gefühl von wahrer Erfül-

Kapitel 3 Syrische Wüste · 21. bis 25. Mai 2015

lung. Gott war da. Ich war beseelt von ihm, in meinem ganzen Körper, in meiner ganzen Seele.

An jenem Abend und noch drei weitere Tage war ich so gut wie stumm. Ich war fasziniert von Paolo und der Stärke, die von ihm ausging, von den jungen Leuten, die gekommen waren, um gemeinsam zu arbeiten und zu beten, von dieser Zitadelle, die gerade wieder zum Leben erwachte und von der atemberaubenden Wüste. Ich gab mich dem Leben in Mar Musa hin, half in der Küche, auf der Baustelle. Ich konnte es nicht in Worte fassen, aber ich erlebte dort solch eine Freude, dass ich das Gefühl hatte, nichts mehr unter Kontrolle zu haben, meiner nicht mehr Herr zu sein. Eins wurde mir immer mehr bewusst: Ich war geschaffen, um hier zu leben. Das wurde mir immer klarer, mit jeder Minute, die ich hier verbrachte, von den Laudes bis zur Vesper, die wir auf einem Teppich auf der Terrasse verrichteten, zusammen mit all den anderen jungen Christen aus Syrien oder Italien, nur beleuchtet vom Licht der Gaslämpchen und der Sterne. Diese Momente der Ewigkeit, von denen ich im Laufe der nächsten Monate und Jahre noch viele weitere erlebt habe. Denn wirklich, sobald die Ferien in Sichtweite lagen, planten Jihad, unsere Freunde und ich den Aufenthalt in Mar Musa. Das Kloster war unser Zuhause geworden. Dort hatten wir eine neue Familie gefunden.

Wenn auch Paolos Engagement, sein Mut und seine Hoffnung in mir den Wunsch weckten, ihn auf seinem verrückten Abenteuer zu begleiten, so dauerte es doch nicht lange, bis wir unsere erste große Meinungsverschiedenheit hatten. Vor allem, wenn es um seine Haltung zum Islam ging. Jihad hatte mich bereits vorgewarnt. Auch er hatte schon mehrmals mit Paolo über dieses Thema diskutiert. Aufgrund seiner Begeisterung für den Islam, den mulimischen Glauben und ihre Traditionen war Paolo ganz besessen von dem Wunsch, einen Dialog zwischen Christen und Muslimen unter Gottes wohlwollendem Blick aufzubauen. Sein ganzes Leben lang suchte er im Islam in Gesprächen, in Schriften, in Gebeten und bei seiner Arbeit nach diesen *semina Verbi*[11], wie der Heilige Papst Johannes Paul II. sie später nennen sollte, diesen kleinen „Saatkörnern des Wortes", die der Geist in die nichtchristlichen Riten, Gedanken und Kulturen gestreut hat. Die göttliche Herkunft des Islams stand für ihn außer Frage. Er behauptete sogar, dass Mohammed vom Heiligen Geist inspiriert war. Der Islam mitsamt seiner Religion, Geschichte und Zivilisation zog ihn in seinen Bann, so sehr dass er darauf bestand, dass sein christlicher Glaube genährt würde von seinem muslimischen Glauben. Wie ein Goldgräber durchforstete er christliche und muslimische Texte, um wirklich jedes Goldklümpchen herauszusieben, das Gelegenheit zu einer weiteren Begegnung oder einem Dialog zwischen den Gläubigen der beiden Religionen bot. Er glaubte an ein gemeinsames Miteinander von Christen und Muslimen. Sein Herz war erfüllt von dieser spirituellen Suche, und gleichzeitig zerriss es ihn innerlich aufgrund all seiner Zweifel und Fragen. Aber für nichts auf der Welt hätte er sie aufgegeben. Für ihn war es ein Kampf für die Wahrheit, aber nicht eine von diesen, die man zu besitzen glaubt, sondern jene Wahrheit, die weit über uns hinausgeht und zu der wir alle streben, zum Licht des einen Gottes[12].

---

11 „Der Dialog entsteht nicht aus Taktik oder Eigeninteresse, sondern hat Gründe, Erfordernisse und Würde eigener Art. Er kommt aus dem tiefen Respekt vor allem, was der Geist, der weht, wo er will, im Menschen bewirkt hat. In ihm beabsichtigt die Kirche, »die Saatkörner des Wortes« und die »Strahlen der Wahrheit, die alle Menschen erleuchtet«, zu entdecken – Saatkörner und Strahlen, die sich in den Personen und in den religiösen Traditionen der Menschheit finden. Der Dialog gründet auf der Hoffnung und der Liebe und wird im Geist Frucht bringen. Die anderen Religionen stellen eine positive Herausforderung für die Kirche dar; sie regen sie sowohl dazu an, die Zeichen der Gegenwart Christi und des Wirkens des Geistes zu entdecken und anzuerkennen, als auch dazu, die eigene Identität zu vertiefen und die Gesamtheit der Offenbarung zu bezeugen, dessen Wahrerin sie zum Wohl aller ist." (JOHANNES PAUL II., Enzykliken *Redemptoris missio*, 7. Dezember 1990, Nr. 56)

12 Wer sich intensiver mit den Ideen von Pater Paolo beschäftigen möchte, dem sei die weiterführende Literatur empfohlen: bei Guyonne DE MONTJOU, *Mar Moussa, un monastère, un homme, un désert*, Albin Michel, Paris 2006 und Paolo DALL'OGLIO in Zusammenarbeit mit Églantine Gabaix-Hialé, *Amoureux de l'Islam, croyant en Jésus*, Paris, Éd. De l'Atelier, 2009.

Kapitel 3 Syrische Wüste · 21. bis 25. Mai 2015

Aufgrund meiner eigenen Geschichte und den Kursen am Seminar war ich überhaupt nicht einverstanden mit der Auffassung von Pater Paolo, ich hielt sie für erschreckend naiv. Ich konnte nicht begreifen, weshalb er sich so sehr zum Islam und den Muslimen hingezogen fühlte. Bei mir riefen diese eher Misstrauen denn Begeisterung hervor. Er als Italiener wollte uns dazu ermahnen, in Freundschaft mit den Muslimen zu leben, mit denen wir seit Generationen zusammenlebten, uns, deren Ahnen von Mamelucken und Osmanen niedergemetzelt worden waren? Er, der Jesuit, wollte uns die Wunder des Islams begreiflich machen? Mich ärgerte das sehr. Ich war nicht nach Mar Musa gekommen, um etwas über den Islam zu lernen, sondern um meinen christlichen Glauben und meine Berufung zum Priesterdasein zu vertiefen! Ich hatte erwartet, dass Paolo uns sein Wissen in der Exegese vermitteln und dafür Sorge tragen würde, dass alle jungen Männer, die bei den Renovierungsarbeiten halfen, im Katechismus unterrichtet würden, und nicht, dass er uns mit der angeblichen Schönheit der islamischen Traditionen und mit der dringenden Notwendigkeit, mit ihnen in Freundschaft zu leben, auf die Nerven ging! Anstatt meine Vorurteile abzuschwächen, wurde mein tumber Argwohn gegenüber den Muslimen durch Paolos Beharrlichkeit bei allen diesen Themen nur noch vergrößert. Ich verachtete Muslime nicht, dachte aber, sie wären im Unrecht. Mit ihnen über Gott, Glauben oder Beten zu reden, war reine Zeitverschwendung. Wie Jihad war ich wütend auf Paolo, der uns mit seinen entsprechenden Reden ermüdete.

Im dritten Studienjahr am Seminar las ich zum ersten Mal Texte vom Kirchlichen Lehramt, in denen es um andere Religionen ging. Mit lebhaftem Interesse las ich die Erklärung *Nostra aetate*, in der sich die Kirche hinsichtlich nichtchristlicher Religionen folgendermaßen positioniert:

Die katholische Kirche „lehnt nichts von alledem ab, was in diesen Religionen wahr und heilig ist. Mit aufrichtigem Ernst betrachtet sie jene Handlungs- und Lebensweisen, jene Vorschriften und Lehren, die zwar in manchem von dem abweichen, was sie selber für wahr hält und lehrt, doch nicht selten einen Strahl jener Wahrheit erkennen lassen, die alle Menschen erleuchtet. Unablässig aber verkündet sie und muß sie verkündigen Christus, der ist ‚der Weg, die Wahrheit und das Leben' (Joh 14,6), in dem die Menschen die Fülle des religiösen Lebens finden, in dem Gott alles mit sich versöhnt hat. Deshalb mahnt sie ihre Söhne, daß sie mit Klugheit und Liebe, durch Gespräch und Zusammenarbeit mit den Bekennern anderer Religionen sowie durch ihr Zeugnis des christlichen Glaubens und Lebens jene geistlichen und sittlichen Güter und auch die sozial-kulturellen Werte, die sich bei ihnen finden, anerkennen, wahren und fördern[13]".

Etwas weiter hinten geht der Text eigens auf die spezifischen Eigenheiten der einzelnen Religionen ein. Zum Islam steht dort, „mit Hochachtung betrachtet die Kirche auch die Muslime, die den alleinigen Gott anbeten, den lebendigen und in sich seienden, barmherzigen und allmächtigen, den Schöpfer des Himmels und der Erde, der zu den Menschen gesprochen hat."

Er lädt Christen und Muslime außerdem dazu ein, „das Vergangene beiseite zu lassen, sich aufrichtig um gegenseitiges Verstehen zu bemühen und gemeinsam einzutreten für Schutz und Förderung der sozialen Gerechtigkeit, der sittlichen Güter und nicht zuletzt des Friedens und der Freiheit für alle Menschen"[14].

---

13 Zweiter Vatikanischer Konzil, Erklärung *Nostra Aetate* über das Verhältnis der Kirche zu den nichtchristlichen Religionen, 28. Oktober 1965, Nr. 2.
14 Ebd., Nr. 3.

Kapitel 3   *Syrische Wüste · 21. bis 25. Mai 2015*

Dieser Text und andere, die nach dem Zweiten Vatikanischen Konzil geschrieben wurden, lösten einen Orkan aus, der über meinen mickrigen Seminaristenhorizont und mein christliches Herz fegte. Ich bin ein Kind der Kirche. Auch ohne so weit gehen zu müssen wie Paolo, verstand ich auf der Stelle diesen neuen Appell: Die Kirche forderte mich auf, allen Menschen mit Wohlwollen zu begegnen, ganz gleich welchen Glaubens sie auch sein mochten, um so die ihnen innewohnenden Stärken zu fördern und um in ihren Traditionen einen Funken dieser Wahrheit zu erkennen, die die gesamte Menschheit in sich trägt. Gleichzeitig unterstrich es unsere Pflicht, als Zeugen des Glaubens an Jesus Christus zu wirken, um ihnen den einen Weg zu weisen, zum Vater, der vollkommen Wahrheit, dem Leben, das den Tod besiegt hat. Für mich als jemanden, der seit seiner Geburt in einer Gesellschaft gelebt hat, in der Christen und Muslime fast immer gleichgültig, bisweilen sogar misstrauisch nebeneinanderher gelebt haben, war es ein völlig neuer Gedanke, mit den Gläubigen anderer Religionen eine von Freundschaft und Respekt bestimmte Beziehung zu führen und dabei gleichzeitig mein wichtigstes Anliegen mit ihnen zu teilen, sprich meinen Glauben an Jesus, den wahren Gott und wahren Menschen, ohne den wir nicht zur Erfüllung unseres Lebens in Gott gelangen können. Die Entdeckung dieser wunderbaren Synthese war der Beginn eines inneren Weges mit der konkreten Frage meiner Beziehung zu den Muslimen. Ich musste mich dringend ändern. Durch das Kirchliche Lehramt ermuntert, begann ich langsam meine eigene Sicht auf die Dinge zu hinterfragen.

Ich war ganz begierig darauf, dieser christlichen Bestimmung zu folgen, die Beziehung zu Gläubigen anderer Religionen, speziell des Islams, zu vertiefen, und sprach darüber oft mit *Abuna* Gabriel. Er begleitete uns auch manchmal nach Mar Musa. Trotz seines hohen Alters half er bei den Renovierungsarbeiten des Klosters. Doch eigentlich bestand seine Aufgabe hauptsächlich darin, die

Gaslampen zu putzen, die wir abends benutzten, damit sie noch heller leuchteten. Während wir die Lampen rieben, sprach er zu uns wie ein weiser alter Mann. Wir wagten es nicht, ihn zu unterbrechen. Einmal stellte ich ihm Fragen zum Islam und statt einer Antwort riet er mir, die Biographie von Charles de Foucauld zu lesen. Von Foucauld kannte ich lediglich das „Gebet der Hingabe", das ich durch Pater Gabriel überhaupt erst kennengelernt hatte und welches ich jeden Tag betete. Nachdem ich besagte Biographie ausfindig gemacht hatte, verschlang ich sie in einem Zug. Wenngleich ich auch nicht alle Erkenntnisse dieses Mönchs aus der Sahara auf Anhieb verstand, so erfreute ich mich sehr an seinem Erleben und der Intensität seiner spirituellen Erfahrung. Ich war zutiefst ergriffen von seiner absoluten Entsagung, in die Wüste zu gehen und dort zwischen den Muslimen zu leben und ihnen die Liebe Christi nahe zu bringen.

Und was, wenn es das wäre, wozu Gott mich berufen hatte? Dazu, meine muslimischen Brüder so sehr zu lieben, dass ich sogar mein eigenes Leben für sie hergeben würde? Als unerschrockener Zeuge für Christus? Auch wenn ich noch nicht so weit war, sie aus vollem Herzen zu lieben, so spürte ich doch, dass mein Herz besänftigt war. Etwas in mir war dabei, sich zu verändern. Nach dieser Lektüre sprach ich das Gebet der Hingabe nicht mehr auf die gleiche Weise. Es hatte viel mehr an Bedeutung zugenommen, das ganze Leben von Charles de Foucauld steckte in ihm, dieses Leben, das so stark mit dem Herzen Jesu verbunden war und den Gläubigen des Islams gewidmet war.

Während meiner Aufenthalte in Mar Musa knüpfte ich nach und nach auch Kontakte zu den Bewohnern der anliegenden Stadt An Nabk. Oft kamen die Hirten der Umgebung, die mit ihren Herden durch das Gebiet zogen, im Kloster vorbei. Und was die Jugendlichen anging, die bei der Restauration des Klosters halfen, so freute ich mich immer, sie zu sehen. Nun waren aber viele der Helfer und

Kapitel 3 *Syrische Wüste · 21. bis 25. Mai 2015*

Hirten Muslime! Es war das erste Mal in meinem Leben, dass ich, der christliche Seminarist, eine freundschaftliche Beziehung zu einem Muslim aufgebaut hatte. Bei meinen ersten Aufenthalten war ich noch auf Distanz gegangen, doch nun musste ich mir eingestehen, wieviel Freude es mir machte, mit diesen Menschen zusammen zu sein, unsere gemeinsamen Gespräche und Mahlzeiten und das gemeinsame Singen!

Wir führten keine theologischen oder religiösen Debatten, sondern empfanden es als schön, den Glauben an die Existenz Gottes zu teilen. Mag sein, dass wir verschiedene Konzepte haben, aber alle richten wir unser Leben nach ihm. Oft unterhielten wir uns auch einfach über unseren Alltag, über die Familie, Kindererziehung oder die tägliche Arbeit auf der Klosterbaustelle. Gemeinsam schälten wir das Gemüse, kümmerten uns um den Abwasch und zogen eine Wand hoch. All diese kleinen Arbeiten lehrten mich, dass es durchaus möglich ist, mit Frauen und Männern aus anderen Religionen in Frieden und in gegenseitigem Respekt zu leben.

Natürlich stand diese Erfahrung noch auf tönernen Füßen. Einmal ermordete ein Muslim in Yabroud einen Christen und sein Motiv war ganz klar religiös. Diese Tat löste eine unglaubliche Wut in mir aus. Mit einem Schlag verschloss sich mein Herz, wie eine Zugbrücke, die man schleunigst hochzieht, sobald man einen Feind wittert. Ich war plötzlich nicht mehr imstande, die Muslimen zu lieben. Ich fühlte mich gefangen, eingesperrt in meiner eigenen inneren Festung. An einem der folgenden Tagen traf ich die Hirten aus An Nabk wieder, die unsere Nachbarn und meine Freunde aus Mar Musa waren. Und da konnte ich die Zugbrücke plötzlich wieder herunterlassen. Gott verlangte, ich solle sie aufnehmen wie seine eigenen Kinder.

Langsam begann ich, Erfüllung in den ganz alltäglichen Begegnungen zu finden, kleinen Gefallen, in der Liebe, die ich gab und empfing, den kleinen Freuden des Alltags. Mir gelang es nicht,

Paolos volle Erkenntnis zu erreichen, der sagte, dass Christen und Muslime spirituelles, ja selbst mystisches Erleben gemeinsam erfahren und gemeinsam den Weg hin zur Wahrheit des einen einzigen Gottes beschreiten können. Aber ich verstand, dass konkret gelebte Nächstenliebe, Hinwendung zu den Mitmenschen und die Achtung des anderen genug Gelegenheiten geben, um die Liebe Gottes zu bezeugen. Es war, als wäre mein Herz so von Gott erfüllt, dass es überströmte auf die anderen Menschen, meine Brüder.

Die Gutherzigkeit *Abuna* Gabriels, der niemals ein schlechtes Wort über unsere muslimischen Brüder sprach, die Bekundungen von Charles de Foucauld und Afif Osseïran, die regelmäßigen Treffen mit Paola und Thérèse, den Kleinen Schwestern Jesu, die sich die Zeit nahmen, mir zu erklären, mit was für einer Mission ihr geistlicher Vater nach Tamanrasset gegangen war, um dort zu leben, die Texte des Kirchlichen Lehramts, die Begegnungen mit den Hirten von An Nabk, die uns immer Milch und Joghurt gaben, die Kontemplation mit Paolo, der die Initialzündung gegeben hatte, mein Verhältnis zu den Muslimen zu überdenken. All das war letzten Endes der Grund für meine Gewissheit. Meine hochmütige Überzeugung, im Besitz der Wahrheit zu sein, während die anderen sich irrten, geriet ins Wanken. Gott rief mich dazu auf, meine Beziehung zu den Muslimen anders wahrzunehmen und zu leben; meine binäre Sichtweise zu überwinden, die mir nur die Wahl zwischen Bekehrungseifer und Desinteresse ließ, und den Mut zu haben, mein Vertrauen in das Wirken des Heiligen Geistes zu legen. Wie konnte ich den Muslimen, die genauso von Gott erschaffen sind und geliebt werden, wie jeder andere Mensch auf dieser Welt, nur so viel Misstrauen entgegenbringen, wenn ich wirklich ein Jünger Jesu sein wollte? Galt Jesu Gebot „Liebet einander, wie ich euch geliebt habe" etwa nicht auch für sie? Es war jedenfalls klar, dass ich nicht erwarten konnte, ihnen die Liebe Gottes zu bekunden, wenn ich nicht selbst zuvor der „verlässliche

Freund" geworden war, von dem Charles de Foucauld geschrieben hatte[15]?

Ein starker Wind trieb meine inneren Wolken auseinander, die meine Empfindungen bisher verdüstert hatten. Ganz allmählich machten sie der Sonne des Verstandes Platz und ihr Licht erhellte, was mir verborgen geblieben war oder was ich nicht hatte sehen wollen. Ich gab meinem Dasein in Mar Musa einen neuen Sinn: genau wie in dieser Ruine, begann ich nun auch mit der Restauration meines Herzens, das von den Schmerzen der Vergangenheit ebenfalls zerstört worden war. Diese Baustelle war riesig, aber ich spürte, dass die Stunde gekommen war, mich an die Arbeit zu machen, um der Einladung Christi und der Kirche Folge zu leisten: den Frieden verbreiten, die Frohe Botschaft verkünden und Gottes Reich auf Erden den Weg bereiten.

Die Frage nach einer dauerhaften Anwesenheit in Mar Musa stellte sich nicht einmal – wir kamen immer nur über die Ferien –, doch meine Ordination zum Priester rückte näher. Natürlich fühlte ich mich zum Priester aller Christen berufen, aber auch zu dem aller Muslimen, um ihnen als Prophet von der Liebe Gottes zu künden. Tatsächlich hegte ich einen geheimen Wunsch, nämlich nach Mar Musa zu kommen. Ich war so verzaubert von diesem Ort und von dem, wofür er stand, und von dem, was ich dort erlebte! Ich sprach mit Paolo darüber und so begann die Idee in uns zu reifen, nach einer dunklen Zeit von mehreren Jahrhunderten das traditionelle monastische, kontemplative Leben in Mar Musa wieder

---

15 „Wir müssen die Muslime dazu bringen, uns ihre Anerkennung zu schenken. Wir müssen verlässliche Freunde für sie werden, Freunde, an die man sich wendet, wenn man in Schmerz und Zweifel ist. Freunde, auf deren Zuneigung, Verständnis und Gerechtigkeitsgefühl man sich grenzenlos verlassen kann. Nur wenn man sich auf diesen Weg einlässt, kann man ihren Seelen Gutes tun. [...] Meine Lebensaufgabe besteht folglich darin, so viel wie möglich, Beziehungen aufzunehmen und ihnen nach bestem Vermögen zu Diensten zu sein. Wenn dann Vertrautheit wächst, spreche ich zu den Einzelnen immer oder fast immer vom gütigen Gott; und zwar nur kurz, indem ich dem Einzelnen nicht mehr zumute, als er aufnehmen kann." (CHARLES DE FOPCAULD, Brief an René Bazin).

aufleben zu lassen. Im Laufe meines Studiums am Seminar hatte ich schließlich den Reichtum des Mönchtums im Orient kennengelernt und die Schönheit dieser Lebensaufgabe entdeckt, die dem Gebet, der körperlichen Arbeit und der Gastfreundschaft gewidmet ist. Ich wollte ein Mönch werden, bei Paolo, der immer entschlossener war, sich definitiv in Mar Musa niederzulassen. 1989 ging ich zu Exerzitien, während derer sich mein starkes inneres Gefühl bestätigte. Also sprach ich mit meinem Bischof darüber: Mönch in Mar Musa zu sein, bedeutete, dass ich der Gemeinde Homs zugeordnet sein würde. Nun war ich aber der einzige syrische Seminarist für Aleppo. Es gab erhebliche Bedenken dagegen, dass ich in die Nachbardiözese abzog, aber er stellte sich meinem Wunsch nicht entgegen. Ich jubelte: Ich würde Mönch werden, genau wie Charles de Foucauld, dem Abbild der göttlichen Liebe inmitten seiner muslimischen Brüder, im Herzen der Wüste in Mar Musa.

***

„Bist du *Baba* Jacques?"

Die aggressive Frage riss mich aus meinen Gedanken. Die einzige Möglichkeit ihren Chorälen über den Dschihad zu entkommen, ist Beten. Meine Hände sind gefesselt, also kann ich mir nicht die Ohren zuhalten. Aber wenn man gefangen ist, entdeckt man ganz ungeahnte Möglichkeiten. Indem ich in meine Erinnerung flüchte, gelingt es mir, ihre grausamen Gesänge nicht mehr zu hören, obwohl meine Ohren nicht verschlossen sind.

„Ey, ich rede mit dir! Bist du *Baba* Jacques?", sagt der maskierte Mann, der sich durchs Autofenster unseres Wagens beugt, der an einer von den Kämpfern des Isalmischen Staats errichteten Straßensperre Halt gemacht hat.

„Ja."

„Wer ist alles in Mar Musa?"

Kapitel 3 — Syrische Wüste · 21. bis 25. Mai 2015

Mit tut es weh, Mar Musa aus dem Mund dieses Mannes zu hören.
„Dort sind drei Leute."
„Dreckiger Lügner!"
„Nein, ich lüge nicht!"
Die Antwort klatschte ich ihm an den Kopf. Ich könnte ausrasten vor Wut. Sie entführen mich, schon seit vier Tagen verschleppen sie mich in einem Auto, schikanieren mich mit diesem Gesang, der mir meinen Tod verkündet, und jetzt nennen sie mich auch noch einen Lügner.

„Was soll's, bald seht ihr euch ja wieder", höhnt die Stimme hinter der Maske. Ich erschaudere. Wollen sie auch noch unsere Brüder und Schwestern aus Mar Musa entführen? Was, wenn sie es bereits getan haben? Haben sie sie ermordet? Vielleicht sagen sie uns jetzt, dass wir bald sterben müssen? In meinem Kopf sind tausend Fragen. Am liebsten hätte ich geweint. Heute war Pfingstsonntag. Heiliger Geist, ich flehe dich an, komm zu uns herab. Gib uns Kraft, oh Herr, und leg uns deine süßen Worte auf die Lippen, damit sie die Herzen unserer Entführer erweichen.

Am Morgen haben sie das Auto mit Erde beschmiert. Mir wurde klar, dass wir noch viel weiter fahren würden als in den letzten Tagen. Es war riskant, durch die Wüste zu fahren: Vom Flugzeug aus kann man die Autodächer gut in der glänzenden Sonne erkennen. Die Erde auf dem Dach ist eine Art Tarnung. Kurz nachdem wir aufgebrochen sind, dreht sich einer der beiden jungen Männer zu mir um und sagt: „Wenn wir dich hier rauslassen würden, wüsstest du, wie du nach Qaryatein kommst?"

„Ja."

Ich antworte ganz mechanisch, denn ich habe überhaupt keine Ahnung, wo wir sind. Aber lieber würde ich mich in der Wüste verirren, als noch länger von diesen Männern gefangen gehalten zu werden.

„Wie viele Kilometer kannst du laufen?"

„Ich weiß es nicht, ich gehe einfach."
„Aber du hast Rückenschmerzen, du kannst nicht gehen."
„Kümmere dich nicht darum, du kannst mich rauslassen, ich gehe einfach."
Und damit ist das Gespräch beendet. Die beiden Männer lachen. Sie wollen sich nur über uns lustig machen und mit unseren Nerven spielen. Sie haben überhaupt nicht die Absicht, uns freizulassen.

Seit heute Morgen fahren wir auf einer asphaltierten Straße. Bestimmt sind wir auf den Weg nach Palmyra. Es kommt mir vor, als würde die Fahrt ewig dauern. Ob wir in den Irak fahren? Wie jeden Morgen seit der Entführung bete ich im Stillen den Rosenkranz herunter. Durch den Schock wurden alle Gebete und die Lieder, die ich einmal auswendig konnte, aus meinem Gedächtnis getilgt. Meine Erinnerung ist wie ausgelöscht. Ich habe es ernsthaft versucht, aber ich kann mich an nichts mehr erinnern, nur an den Rosenkranz. Obwohl ich ihn in all den Jahren in Mar Musa und später in Mar Elian gar nicht mehr gebetet habe, weil die Wiederholung der fünfzig *Gegrüßt seist du, Maria* mich gelangweilt hat. Doch das hat sich nach diesen vier Tagen grundlegend geändert. Die *Ave Marias* sind wie ein SOS, das ich zum Himmel schicke, auf unerklärliche Weise überzeugt, dass es erhört wird. Ich bin mir sicher, dass Maria mich durch den Rosenkranz Jesus nahe bringt. Es ist auch keine heruntergeleierte Rezitation mehr, sondern wirkliche Meditation. Ich halte über jedem der Mysterien aus dem Leben von Jesus inne und die Geheimnisse sprechen mir unglaubliche Kraft zu. Ich schaue ihn an, wie er in der Krippe liegt, aber genauso sehe ich ihn auf dem Leidensweg und bei der Wiederauferstehung. Es spendet mir Trost, dass Jesus selbst diese Selbstentäußerung und diese Prüfung durchlitten hat. Beim Mysterium von Christi Himmelfahrt kann ich hören, wie er zu mir spricht und weiß, dass er mich nicht im Stich lassen wird, dass er mir seinen Geist, den Tröster, senden wird. Beim Pfingstgeheimnis ist er wieder da und begleitet mich in meiner Meditation.

Durch das Rosenkranzgebet beschworen, laufen die Szenen aus dem Leben Jesu in meinem Kopf ab, als säße ich im Kino. Mein ganzer Geist ist erfüllt davon und ich begreife, was ich nie für möglich gehalten hätte: Man kann seine Leiden nachempfinden, wenn man sich selbst in einer Situation schlimmer Qualen und großer Einsamkeit befindet. So gibt mir der Rosenkranz ein Gefühl von bis dahin nie gekannter Güte. Seit ich ihn halte, sind meine Wut, mein Hass und meine Erschöpfung wie weggeblasen. Das Gebet trägt mich fort zu Jesus, der alles durchlebt hat, die Kälte in der Krippe, das Exil in Ägypten, die Verspottung durch die ganze Welt, die Geißelung und den Tod am Kreuz; zu Maria, zu der ich mich flüche wie ein ängstliches Kind; und zu den Menschen, die ich am meisten liebe, damit sie sich nicht zu große Sorgen um uns machen.

Als ich gerade die dritte Zehnergruppe der schmerzhaften Mysterien begonnen hatte, erklang plötzlich in meinem tiefsten Inneren eine Stimme und rief wiederholte Male: „Ich gehe der Freiheit entgegen". Was sollte das heißen? Wie sollte ich der Freiheit entgegen gehen, wenn ich doch an Händen und Füßen gefesselt war, mitten in der Wüste und in den Händen des Islamischen Staats? Ich verstand gar nichts, aber trotzdem war ich plötzlich ganz ruhig. Noch vor ein paar Minuten war ich entsetzt bei dem Gedanken, die Dschihadisten könnten nach Mar Musa gehen. Doch plötzlich machte mir nichts mehr Angst. Die Jungfrau war bei mir. Wenn man sie nur darum bittet, hilft Maria denen, die leiden in der Not.

Jedes Mal, wenn wir an eine Straßensperre der Dschihadisten gelangen, hält der Fahrer an und ruft, dass wir christliche Geiseln seien: „Das sind Nassara[16]!" Die Leute bespucken uns dann.

---

16 „Nazarener". Im Koran werden die Christen als Nazarener bezeichnet.

Raqqa, selbsternannte Hauptstadt des Islamischen Staats
Juni 2015

Es ist Nacht geworden. Das Auto verlangsamt die Fahrt. Schon wieder eine Straßensperre? Oder noch eine bitterkalte Nacht in unserem mobilen Gefängnis? Der Motor wird abgestellt. Boutros beugt sich zu mir und flüstert: „Wir sind in Raqqa." Trotz der gefesselten Hände ist es ihm gelungen, die Augenbinde etwas hochzuschieben und so kann er das Nummernschild am Auto vor uns erkennen. Ich seufze erleichtert: Wir sind noch in Syrien! Aber Raqqa ist die Stadt, die der Islamische Staat zur Hauptstadt seines so genannten *khilafah*s, Kalifats, erklärt hat. Wir befinden uns im Herzen der Hölle. Indem ich mir vorstelle, dass wir Paolo hier wiedertreffen, versuche ich mich zu beruhigen, als man uns befiehlt, aus dem Auto zu steigen. Zum ersten Mal seit fünf Tagen kann ich mich hinstellen, den steifen Rücken aufrichten und die Beine ausstrecken.

Doch wir haben keine Zeit, um diesen kleinen Glücksmoment auszukosten. Nachdem man uns die Augenbinden vom Kopf genommen hat, werden wir unverzüglich in ein Haus geführt. In dem Zimmer, in das wir gebracht werden, sitzt ein Mann auf dem Boden, der aussieht, als wäre er direkt aus Saudi-Arabien gekommen. Wahrscheinlich einer der „Emire" der Dschihadistenorganisation. Höflich bittet er uns, Platz zu nehmen, während einer der Männer eine Packung Tabletten hereinbringt, die Boutros eigentlich täglich nehmen müsste. Seit unserer Entführung hat er keine mehr genommen. Schon seit dem ersten Abend versuche ich, den Entführern begreiflich zu machen, dass er sie unbedingt nehmen muss. "Okay, bekommt er.", haben sie gesagt. Und tatsächlich haben sie die Medikamente gleich nach unserer Ankunft besorgt. Jemand bringt auch eine Schale mit Obst. Aber ich weigere mich weiterhin, etwas zu essen. Also greift der Emir nach einem Apel und reicht ihn mir. Ich sehe ihm fest in die Augen und schließlich nehme ich ihn. Das ist das erste Mal seit fünf Tagen, dass ich etwas esse. Kurze Zeit später werden wir zurück ins Auto gebracht und fahren noch ungefähr dreißig Kilometer weiter. Dort betreten wir ein großes Gebäude, das ganz in einen Schatten getaucht ist und vor dem eine Menge bewaffneter Männer aneinandergereiht an der Wand sitzt und schläft. Durch den Flur gehen wir bis zu einem Büro. Dort liegen Teppiche und Matratzen, ein Fernsehapparat und eine riesige schwarze Fahne mit den weißen Initialen des Islamischen Staats auf dem Boden. In dem Raum befindet sich auch sehr viel Filmmaterial. Ist das etwa der Ort, an dem die Dschihadisten des *khilafah* ihre Propagandafilme drehen, um sie im Internet und in den sozialen Netzwerken der ganzen Welt zu verbreiten? Man befiehlt uns zu schlafen. Nach den unbequemen Nächten im Auto lassen wir uns das nicht zweimal sagen und schlafen sofort ein.

Am nächsten Tag holt uns ein Dschihadist ab, der von einem acht- oder neunjährigen Jungen begleitet wird, mit einem Gewehr, das größer ist als er selbst. Als das Kind sieht, dass ich humpele, weil mir mein Knie weh tut, fragt es den Mann: "Willst du, dass ich ihn schlage, damit er schneller geht?" Nach wenigen Minuten gelangen wir an eine ehemalige Mühle, die zu einem Gefängnis umfunktioniert wurde. Nachdem man uns die Augenbinden abgenommen hat, weist man uns unsere Zelle zu, in der wir von nun an für viele Wochen eingesperrt sein werden. Es ist ein Raum von sechs mal drei Metern mit einer Matratze auf dem Boden, einem Stück Teppich, völlig durchnässten Decken und mit Blut befleckten Kleidungsstücken und einem Einschussloch in der Wand. Ein

Kapitel 4 — Raqqa · Juni 2015

bestialischer Gestank geht von ihm aus. An der einen Seite sind eine Dusche und eine Toilette, über der sich eine viereckige Luke von vierzig Zentimetern befindet, die ein Stückchen Himmel freigibt. Der Gefängniswächter gibt uns ein paar Hygieneprodukte und befiehlt uns, die Toilette zu putzen. Er lässt uns mit unserer Arbeit allein, nach einer halben Stunde kommt er zurück. Abou Ahmad – so lautet sein Name – bringt uns ein für Aleppo typisches Frühstück, das seinen Namen verdient hat: Käse, Labneh, eine Art Frischkäse mit getrockneter Minze und Olivenöl, und dazu Tee. Ich traue meinen Augen kaum. Dieses Mal bin ich außerstande, das Essen zu verweigern. Der Geschmack meiner ganzen Kindheit erfüllt meinen Mund und erfreut meinen Gaumen.

Mir schießen Tränen in die Augen, was ich fast nicht verbergen kann. Ich denke an meine Eltern und meine Geschwister: Wo sind sie? Was haben sie über mich gehört? Was passiert mit ihnen in diesem verdammten Krieg? Und die katholischen Familien aus Qaryatein? Und mein Orden in Mar Musa? Vor meinem geistigen Augen schreiten all diese Menschen vorüber und lächeln mir zu. Im Geiste sehe ich alle von mir geliebten Personen, die ich so gerne wiedersehen würde. Die Erinnerung an sie gibt mir Kraft: „Ich muss durchhalten, um sie wiederzusehen!" Jeden Tag denke ich an alle Menschen, die ich liebe und dabei bete ich. Nachdem unser Wächter die große Eisentür der Zelle hinter sich zugeschlossen hat, beten ich und Boutros den Rosenkranz laut. Niemand hört uns. Jedes Gesetz widmen wir einer bestimmten Person oder Familie. Mit einem Rosenkranz haben wir freilich nicht genug, deshalb beten wir noch einen zweiten und dann einen dritten, um die Jungfrau Maria darum zu bitten, all die zu trösten und zu beruhigen, die uns lieben und die ganz sicher sehr besorgt um uns sind. Es ist, als ob Maria selbst uns zuflüstern würde, für wen wir beten sollen. Beim Gedanken an diesen oder jenen fangen Boutros und

Kapitel 4 — Raqqa · Juni 2015

ich oft an zu weinen. Wir trösten einander abwechselnd und stützen uns gegenseitig. Wir sprechen viel miteinander. Boutros an meiner Seite zu haben ist eine große Hilfe, ich weiß nicht, ob ich das ohne ihn durchgestanden hätte. Als sie ihn damals im Kloster zusammen mit mir ins Auto stießen, habe ich protestiert. Der Dschihadist hatte zu mir gesagt: „Das ist, damit du nicht alleine bist!" Und er hatte Recht. Aber wie könnte ich wollen, dass er all das wegen mir ertragen muss!

Am Tag nach der Ankunft in unserem Gefängnis beginnt die verbale und körperliche Folter. Wir bekommen viel Besuch, wie in einem Zoo kommen sie, um das seltsame Tier, das ich bin, zu begaffen. Es ist schon toll, einen *kâfir* zu fangen, aber einen Priester, den Chef der *kouffar*, was für ein guter Fang! Meistens betreten sie wortlos die Gefängniszelle, um uns zu beleidigen oder uns damit zu drohen, uns den Kopf abzuschlagen, wenn wir nicht zum Islam konvertierten. Anfangs entsetzen mich diese Drohungen, aber nach ein paar Tagen habe ich mich an diese Spielchen gewöhnt. Mir wird klar, dass ich bereit sein muss, mein Leben für Jesus zu geben. Ich werde weder der erste noch der letzte sein, wenn es soweit ist und er mich zu sich ruft. Dieses „Ich gehe der Freiheit entgegen", das ich in mir gehört habe, als wir im Auto saßen, war das nicht schon die Ankündigung des nahenden Todes? Ich rufe mir die Worte des Heiligen Pauls in Erinnerung: „Denn Christus ist mein Leben und Sterben ist mein Gewinn" (Phil, 1:21). Schon seit dem Beginn der Gefangenschaft hat mir dieser Spruch aus der Bibel dabei geholfen, die Qualen durchzustehen, die ich durchlitt. Es gab Momente, da schien mir der Tod eine Gnade zu sein. Dann wieder waren die Methoden so brutal, dass ich vor Angst überwältigt war.

Am achten Tag gegen Nachmittag donnert jemand gegen die Tür unserer Zelle. Ein großer, maskierter Mann ganz in Schwarz kommt herein, in Begleitung von drei bewaffneten Männern. Ist

Kapitel 4 *Raqqa · Juni 2015*

das der Moment, in dem sie kommen, um uns umzubringen? Der Mann in Schwarz, der der Chef zu sein scheint, fragt uns:

„Wie heißt du?"

„Jacques."

„Und du?"

„Boutros."

„Seid ihr *Nassara*?"

„Ja."

„*Salam aleikoum!*"

Der Mann gibt uns die Hand, um uns zu begrüßen. Ich bin entgeistert, denn die Dschihadisten wünschen den *kouffar* niemals Frieden (*salam*) oder geben ihnen die Hand. Das macht sonst nur Abou Ahmad bei uns, aus Gewohnheit oder aber wenn er mit uns alleine ist. Wir erwidern den Gruß und der Mann befiehlt seinen Begleitern, den Raum zu verlassen und die Tür hinter sich zu schließen. Wir setzen uns. Er beginnt das Gespräch und stellt uns Fragen zu unserem bisherigen Leben, so wie wenn man jemanden gerade kennengelernt hat. Dann stellt er sich auch selbst vor.

„Ich war Student an der Universität von Damaskus. Als der syrische Bürgerkrieg begann, habe ich mich freiwillig gemeldet und wurde zum Assistenten ernannt, um ein gemeinsames Treffen aller oppositionellen Gruppen zu organisieren. Dafür wurde ich in den zwei Jahren zweimal verhaftet und ins Gefängnis geworfen. Nachdem ich wieder draußen war, habe ich mich noch mehr in die Revolution reingehängt, und dann hat Gott mir den Weg zum Islamischen Staat gewiesen, um für den Dschihad und den wahren Islam zu leben. Ihr behauptet, eure Religion sei die wahre Religion. Aber ihr habt das Evangelium verfälscht! Vor dem Krieg habe ich mit meinen Freunden oft darüber gesprochen. Es waren Christen aus Yabroud. Sie wollten einfach nicht begreifen, dass das Evangelium falsch dargestellt wurde. Oder seht ihr das anders?"

Kapitel 4 Raqqa · Juni 2015

Unbewusst hatte ich eine Regel festgelegt, als wir in die Hände der Entführer gerieten: Wann immer jemand mir eine Frage zu meinem Glauben, der Kirche oder kirchlichen Glaubenssätzen stellt, gebe ich keine Antwort und tue so als wäre ich zu dumm, um die Frage zu verstehen. Ich will nicht riskieren, etwas zu sagen, was mir dann als Blasphemie ausgelegt werden könnte. Das wäre der sichere Weg, geköpft zu werden. Doch die Unterhaltung an diesem Tag mit dem ehemaligen Studenten ist anders. Er ist gebildet und will es verstehen, er will es genauer wissen. Im Vertrauen beginne ich, ihm die Bibel zu erklären, die alten Manuskripte, die vier Evangelien, die Stellen, an denen sie sich unterscheiden und wo sie sich ergänzen. Er hört aufmerksam zu, zeigt keine nennenswerte Reaktion, solange es um Religion geht. Aber sobald das Gespräch sich politischen Themen zuwendet, wird sein Ton schärfer und er bezeichnet uns als „Kreuzritter":

„Warum nennst du uns so? Wir sind Christen, das ist etwas anderes. Die Kreuzritter waren Fremde, die einst kamen, um die Herrschaft über das Land an sich zu reißen! Und damals haben wir Christen uns auf die Seite der Araber geschlagen, um unser Territorium gegen die Angreifer zu verteidigen, die sich jedoch auch als Christen bezeichnet haben. Aber wir können unmöglich Kreuzritter sein, denn wir sind Syrer seit Generationen!"

Er überlegt kurz und fängt dann wieder an: „Aber alle diese Kreuzritter, die Russen, die Amerikaner, alle bombardieren uns. Wir haben das Recht, Krieg gegen sie zu führen! Ich habe kein Problem mit Baschar, sondern mit denen, die ihre Bomben abwerfen und unsere Frauen und Kinder töten!"

Ab da antworte ich nicht mehr. Wie kann ich ihm verständlich machen, dass Krieg nicht die Lösung ist? Dass Gewalt Gegengewalt erzeugt? Dass es nur einen einzigen Weg gibt, um diesen Krieg zu beenden und zwar ohne Einschränkung den Weg des Friedens zu gehen.

Kapitel 4 — Raqqa · Juni 2015

Der Krieg. Die Massaker. Die Bomben. Mit Ausnahme der Begebenheiten in den Jahren von 1980–1983 hatte ich in Syrien nie zuvor solche Grausamkeiten gesehen. Erst im Libanon, während meiner Studienzeit, habe ich zum ersten Mal so eine entsetzliche Erfahrung gemacht. Es deprimierte mich umso mehr, da es sich um einen Krieg zwischen Christen handelte, bei dem Brüder, die mit dem gleichen Wasser getauft waren, in unterschiedlichen Lagern kämpften und sich sogar töteten! Was nützte es, ein Christ zu sein, wenn es die Menschen dazu trieb, sich gegenseitig bis aufs Blut zu bekämpfen? Ich fand es damals erschütternd und fragte mich, ob es Glaube oder eine Identität war, ein Anhänger Jesu Christi zu sein. War das Evangelium dazu da, meine Seele zu nähren oder meine politische Meinung? Ich war verloren. Lieber hätte ich mich aus den politischen Debatten herausgehalten, aber ich wurde gegen meinen Willen hineingezogen. Als Syrer stand ich ganz besonders im Visier. Die Parolen der Iraker empfand ich als extrem aggressiv: Sie unterstützten ihren Präsidenten Saddam Hussein, der in einem so heftigen Konflikt mit der syrischen Regierung stand, dass die Grenzen zwischen beiden Ländern geschlossen worden waren. Die Libanesen wiederum betrachteten mich und alle meine Landsleute als Invasoren, weil syrische Streitkräfte im Libanon stationiert waren. Der Krieg zwang uns manchmal dazu, unser Studium zu unterbrechen, und in meinem Fall hieß das, dass ich nach Aleppo zurückkehren musste. Auf dem Weg dorthin passierte ich eine Vielzahl von Straßensperren, an denen syrische Soldaten stolz die Flagge meines Landes gehisst hatten, obwohl wir uns auf libanesischem Boden befanden. Das machte mich ganz krank. Patriotisch wie ich war, hatte ich das Bedürfnis, die Soldaten meines Landes zu verteidigen. Aber wie sollte ich diese Eindringlinge verteidigen?

Die syrische Besatzung führte zu Spannungen im Land der Zedern, die sich bis in unsere Hörsäle zogen, alles drehte sich um die Beziehung zwischen Syrien und dem Irak. Unser Theologieseminar verwandelte sich in einen Kampfschauplatz. Mich ärgerte das maßlos. Wie war es möglich, dass wir Christen, Seminaristen aus ein und derselben Kirche, uns untereinander so zerstritten? Waren wir wirklich Christus und dem Evangelium verbunden oder eigentlich nur um unsere kleinen politisch-religiösen Systeme besorgt, dem Grund für all diese Kriege? Ich war empört, als ich sah, dass die libanesische Miliz von Samir Geagea das Kreuz als Symbol gewählt hatte. Woher kam dieses bewaffnete Christentum? Sicher nicht vom Evangelium! Einerseits war ich verwirrt, andererseits fühlte ich mich in meiner Berufung bestätigt: Mir wurde klar, wie dringlich es war, das Evangelium tief in allen Herzen, im Gewissen und in allen Strukturen der Gesellschaft zu verankern, ganz egal, ob sie nun politischer oder religiöser Natur waren. Es reichte nicht, von sich zu behaupten, dass man Christ war, wir mussten wirklich wie Christen handeln und verstehen, wozu wir, Christen des Orients dieser arabisch-muslimischen Welt, die gerade am Brodeln war, berufen waren.

Ein Christ zu sein ist kein Identitätsmerkmal. Christus zu folgen ist kein politisches Programm und schon gar kein militärisches Manöver. Waffen zu tragen oder Streitkräfte aufzustellen kann niemals vom Evangelium inspiriert sein. Man kann Christ sein und sich trotzdem in der offiziellen Armee eines Landes verpflichten, um sein Land im Falle eines Angriffs zu verteidigen, das ist legitim und ehrenwert! Aber zu glauben, dass christliche Milizen, die das Kreuz als Symbol tragen und aus diesem Symbol der Liebe eine kriegerische Waffe machen, nein! Gewalt erzeugt Gegengewalt. *„Denn wer das Schwert nimmt, der soll durchs Schwert umkommen"*, sagt Christus im Evangelium (Mt 26:52). Was bedeutet es also, ein Christ zu sein? Ein Christ zu sein heißt, auf Christus zu schauen, Christus zu folgen, der auf jede Art von Gewalt verzichtet und sich selbst am Kreuz geopfert hat. Jesus zu folgen heißt nicht, andere zu kreuzigen, sondern selbst das Kreuz zu tragen, unser eigenes Kreuz, ihr Kreuz, das der ganzen Welt. Das ist eine gigantische Aufgabe, aber das ist der Preis für den Frieden, wie könnte man darauf verzichten? Die Botschaft von Jesus, dem Fürst des Friedens, ist in unserm vom Krieg gespaltenen Land so dringlich wie noch nie. Man muss es in die ganze Welt hinausschreien, dass auf Gewalt noch mehr Gewalt folgt, dass sie niemals eine Lösung ist und dass wahren Frieden nur erlangt, wer in der Lage ist zu verzeihen und wie Jesus am Kreuz zu rufen: *„Vater, vergib ihnen; denn sie wissen nicht was sie tun"* (Lk, 23:34).

***

Wir unterhalten uns mit diesem *wali-al-Raqqa*, dem Chef des IS für das Gebiet Raqqa im Syrien, so herzlich, als ob wir uns schon immer gekannt hätten. Im Vertrauen frage ich ihn: „Warum hat man uns hier eingesperrt? Warum ist Boutros auch hier? Jetzt ist seine Mutter ganz allein in Aleppo, sie hat niemanden, der ihr hilft, sie braucht ihn! Er hat nichts Böses getan, sie müssen ihn gehen lassen."

„Der Krieg bringt immer Opfer mit sich."

Schweigen. Ich beginne erneut:

„Aber warum sind wir denn hier?"

„Betrachte die Zeit in Gefangenschaft als Exerzitien! Ich lasse euch frisches Wasser und Kleidung bringen. Braucht ihr sonst noch etwas?"

„Nein, vielen Dank."

Wir lächeln ihm zu. Der Mann verlässt uns und wir bleiben mit einem Gefühl von Frieden zurück. Seine Antwort erstaunt mich. Doch ich kann die Tatsache nicht leugnen, nach diesem Satz erlebe ich die Gefangenschaft anders als bisher. So verrückt das klingen mag, ich versuche wirklich, sie als Exerzitien zu betrachten. Nach dreißig Jahren als kontemplativer Mönch in der Einsamkeit der Wüste muss ich diesen Rat vom Chef der Dschihadisten bekommen.

***

Im Sommer 1991 zog ich dauerhaft nach Mar Musa. Ich hatte das Studium abgeschlossen und war gerade zum Diakon geweiht worden. Nachdem mein letztes Theologie-Semester beendet war, das ich dazu genutzt hatte, meine musischen Kenntnisse zu vertiefen und sehr viele Bücher zu kaufen – Mar Musa war der ideale Ort zum Studieren und musste deshalb dringend mit einer Bibliothek ausgestattet werden –, hatte ich die Entscheidung des Zölibats vehement vorangetrieben. Jeden Tag stellte ich mich erneut dieser Entscheidung. Denn man trifft eine Entscheidung nie für immer und ewig, sondern wir treffen tagtäglich von Neuem die Entscheidung für den einen Tag. Inzwischen war ich sehr vielen hübschen Mädchen begegnet und mir gefiel die Idee, zu heiraten und eine Familie zu gründen. Doch die leise Stimme in meinem Innern, die sanft den schönen Namen Mar Musa raunte, gewann immer die Oberhand. Es war keine Entsagung, sondern eher die Wahl eines längeren und fruchtbareren Lebens im Dienste Jesus, der Kirche und meines Landes. Und es war der Ruf der Wüste, der niemals verstummt war. Am Tag meiner Ordinierung kamen Repräsentanten aller Kirchen, doch ich hatte nur Augen für die Tränen meines Vaters. Wie glücklich, wie stolz er war! Hatte er, der ehemalige Kirchendiener, der mich durch alle Kirchen geschleppt hatte, damit ich sonntags den Messdienst verrichten konnte, insgeheim auf diesen Moment gewartet?

Direkt im Anschluss ging ich nach Mar Musa. Wie in jedem Sommer hatten sich viele Jugendliche angemeldet, um gemeinsam mit christlichen und muslimischen Familien aus der Umgebung bei den Renovierungsarbeiten zu helfen. Doch dieses Mal erfüllte mich noch eine ganz ungekannte Freude, ich würde nach Mar Musa gehen, um zu bleiben, und ein Leben als Mönch beginnen, in der Art, wie sie bis zum 18. Jahrhundert dort gelebt hatten. Zuvor hatte ich den neuen, für mich zuständigen Bischof um Erlaubnis bitten müssen, den Bischof von Homs. Zwar freute er sich, Mar Musa aus der Asche steigen zu sehen, doch konnte er sich nichts Richtiges unter dem mönchischen und kontemplativen Leben vorstellen, das Paolo und ich wiederbeleben wollten.

Die letzten Mönche hatten Syrien vor gut dreihundert Jahren verlassen. Der Bischof selbst schien sich nicht besonders gut mit dem Leben der orientalischen Mönche von einst auszukennen. Wir mussten ihm also lang und breit erklären, dass dies kein simples Verlangen war, sondern dass wir uns wirklich dazu berufen fühlten. Zu guter Letzt akzeptierte er es. Und so blieb ich in Mar Musa, als der Sommer zu Ende ging. Der Winter kam und als die Böen der ersten Stürme mich weckten, die durch die Löcher in den Wänden pfiffen, die darauf warteten, restauriert zu werden, überkam mich ein Gefühl von unbändiger Freude. Ich war allein mitten in der Wüste, schlief in einer alten Zitadelle direkt auf dem Boden, die noch eine halbe Ruine und vom Sand abgeschliffen war; ich hätte Angst haben können, ich hätte frieren können, ich hätte Schmerzen haben können. Doch ich war vom Glück durchströmt. Allein[17] in der Stille, unterm Sternenhimmel, in Gottes Arm.

Auf Paolos Rat hin nutzte ich die Zeit, um mich für einen Monat zu Ignatianischen Exerzitien zurückzuziehen.[18] In diese Zeit fiel auch Mariä Tempelgang, was Ende November gefeiert wird. An diesem Tag weckte Maria den Wunsch in mir, dem stillen Gebet

---

17 Pater Paolo wurde zunächst durch seine Studien in Rom zurückgehalten, dann von den Jesuiten auf die Philippinen gesandt und zog erst nach Pater Jacques ganz nach Mar Musa.
18 Die Ignatianischen Exerzitien sind geistliche Übungen von dreißig Tagen, die von Ignatius von Loyola verfasst wurden. Durch die Besinnung auf die Mysterien von Christi Leben öffnen die Teilnehmenden ihr Herz für die Suche nach Gottes Willen.

täglich eine Stunde zu widmen. Einen Monat später, am Tag nach Weihnachten – an welchem wir in unserem Ritus der Jungfrau Maria dafür danken, dass sie den Messias zur Welt gebracht hat – spürte ich diesen Wunsch abermals sehr ausdrücklich. Und Paolo verspürte ihn auch, im selben Augenblick. Von da an führten wir eine Stunde der täglichen Meditation ein. Nach und nach wurde mir bewusst, dass diese meditative Stunde der Grundstein unserer Mission, unseres Gemeinschaftslebens und unserer Bestimmung war.

Wie konnte Jesus unter meinen Brüdern weilen, wenn nicht, indem ich Jesus durch das Gebet in mir wohnen lasse? Wie können wir von uns sagen, dass wir einander lieben, wenn wir uns nicht tagtäglich dem stellen, der die Liebe selbst ist? Hatte Christus selbst nicht auch oft Zeit in Einsamkeit verbracht, um zu beten, obwohl er stattdessen auch Wunder vollbringen, Kranke heilen oder Tote zum Leben erwecken hätte können? War er nicht in die Wüste gegangen, um gegen den Teufel zu kämpfen? Das Gebet ist von essentieller Bedeutung und sollte jeder Tat vorangehen. Das ist das alles Entscheidende. Über allem steht das spirituelle Leben, das eng verbunden mit der Idee der Wüste ist, noch vor der körperlichen Arbeit, sogar noch vor der Gastfreundschaft: in diesem Punkt waren Paolo und ich uns einig. An allererster Stelle steht unumstößlich das spirituelle Leben, schrieb er später.

> Ich würde es sogar in Kauf nehmen, das Kloster dafür zu verlieren. Das Kloster an sich ist doch die Verkörperung des spirituellen Lebens. So ist es umso wirkungsvoller, wenn es sich in der Wüste befindet, denn die Wüste selbst ist die Leere. Und das schon seit der Bibel: Moses in der Wüste, Elia in der Wüste, Johannes der Täufer in der Wüste, Jesus in der Wüste: Die Wüste ist wie geschaffen für die Kommunikation mit Gott […] Die Wüste, das sind wir, du und ich, Gott. Der Mensch ist der höchste Punkt in der Weite des

Raums. Es gibt keine Bäume. Der Mensch kommt mit seinem Kopf dem Himmel am nächsten, er ist bereits im Himmel. Er spricht mit den Sternen. Und augenblicklich entsteht dort ein heiliger Raum der Kommunikation[19].
Indem ich täglich eine Stunde in Gottes Gegenwart mitten in der Wüste verbringe, bin ich dafür empfänglich, dass Gott für den Rest des Tages, den ich in der Welt unter anderen Menschen verbringe, durch mich wirken kann. Mit dieser Voraussetzung ist man in der Lage, jedes Kloster der Welt zu errichten, selbst wenn man sich uneinig darüber ist, wie die Mission genau aussehen soll, wie die Beziehung zu den Muslimen gestaltet wird oder welche Regeln im Kloster gelten. Alles ist möglich, solange man jeden Tag in der Gegenwart Gottes nebeneinander kniet, der sich in der Eucharistie offenbart, dann kann man wie der Heilige Paulus sagen: *"Ich lebe, doch nun nicht ich, sondern Christus lebt in mir."* (Gal 2:20) Durch unsere Kraft allein können wir nichts ausrichten, aber wir können es zulassen, dass Gott seine Stärke in uns entfaltet. In unserer Schwäche kommt seine Stärke zum Tragen. Und seine Stärke ist unendlich.

Wie bedeutsam es war, Gott neben der Stunde der täglichen Anbetung in uns wohnen zu lassen, zu jeder Zeit, in unserem ganzen Sein, in jeder Geste, jedem Wort, wurde mir durch die Lektüre eines Buches bewusst, das eine Offenbarung für mich war: *Aufrichtige Erzählungen eines russischen Pilgers*[20]. Ich begriff, dass

---

19 Guyonne DE MONTJOU, *Mar Moussa. Un monastère, un homme, un désert*, S. 93.
20 Das Werk von einem unbekannten Verfasser aus dem 19. Jahrhundert wird als eines der spirituellen Hauptwerke der russischen Orthodoxie angesehen. Es handelt zum großen Teil vom *Jesusgebet*, ferner Hesychasmus genannt: Es geht darum, kurze Gebetstexte, bei denen mehrere bis hunderte Male der gleiche Satz wiederholt wird, ununterbrochen zu beten und dabei den Atem durch die Nase ins Herzinnere einzuführen und sich dabei auf die Gegenwart Gottes konzentrieren, ganz gleich was um einen herum passiert. Die häufigsten Formulierungen dieses hesychastischen Gebets, vor allem in den orthodoxen Klöstern gebräuchlich, sind „Herr Jesus Christus, erbarme dich meiner" oder „Herr Jesus Christus, du Sohn Gottes, hab Erbarmen mit mir Sünder!"

Kapitel 4 — Raqqa · Juni 2015

es als Mönch oder auch nur als Christ nicht damit getan war, jeden Morgen eine Stunde zu beten und darauf zu hoffen, dass Gott wirken möge, sondern in einem immerwährenden Gebet zu verweilen, in der Gewissheit, dass er in jeder Sekunde tätig ist. „Betet ohne Unterlass!", mahnt uns Paulus (1 Thess 5:17). Wenn wir in einem beständigen Gebet verbleiben, so ist Gott immerzu in uns. Den kurzen Satz „Herr Jesus Christus, Sohn Gottes, erbarme dich meiner" immerzu vor sich herzusagen, heißt, in Gottes Gegenwart zu leben und ihm zu erlauben, jederzeit in mir gegenwärtig zu sein. Es ist, als würden wir ihm immerfort sagen, wie sehr wir uns danach sehnen, durch seine Liebe erlöst zu werden und dadurch unser Herz dafür öffnen, diese Rettung für uns und die Welt geschehen zu lassen.

Ab diesem Moment trennte ich nicht mehr zwischen meiner Existenz hier auf Erden und meiner Existenz in Gott. Es gab keinen Unterschied mehr zwischen der Meditation oder der Messe einerseits und den anderen Aufgaben im Tagesgeschehen andererseits, sondern der gesamte Tag vom Sonnenaufgang bis zum Sonnenuntergang war wie eine Pilgerschaft, auf der man in jeder Sekunde mit Gott geht. Das Leben hier auf Erden bekam etwas von einem Vorgeschmack auf die Ewigkeit. Natürlich wurde mein Tag durch Begegnungen und Tätigkeiten bestimmt, doch durch das immerwährende Gebet erschien alles wie ein einziger Moment. Ich schaute nicht mehr auf die Uhr, denn mein ganzes Sein und mein ganzer Geist waren erfüllt von Gottes Namen, den ich fortwährend aussprach und der so gegenwärtig wurde. Der gegenwärtig ist.

Auf dem Berg Sinai offenbart sich Gott Moses mit den Worten „Ich bin, der ich bin" (Ex 3:14). Er spricht weder von Vergangenheit noch Zukunft, er ist einfach, das ist alles. Wir werden in seine Gegenwart gerückt. Durch das *Jesusgebet* vollzieht sich unsere gesamte Existenz in Verbindung mit Gott in einem zeitlosen Raum. Zu Beginn ist das nicht einfach, es ist sogar ein harter Kampf: Für Satan ist eine Seele, die fortwährend betet, unerträglich, denn er hat keinen Einfluss mehr auf sie. Aber ich nahm die Herausforderung an und seit meinem ersten Mal in Mar Musa, habe ich es mir zur Gewohnheit gemacht, das Jesusgebet zu sprechen, bei der Arbeit, wenn ich mit den Ziegen in die Berge zog oder während ich Gäste aufnahm. Und seitdem erlebte ich fortwährende Freude und Frieden.

Das Gebet in Form dieser täglichen Stunde der stillen Meditation war die erste Regel für das monastische Leben in unserer entstehenden Gemeinschaft. Und es dauerte auch nicht lange, bis neue Mitglieder dazu kamen. Am Anfang waren wir nur zu zweit, Paolo und ich. Aber sehr bald baten uns weitere Personen, dazugehören zu dürfen. Die erste war eine Frau, Helena. In allen Büchern, die ich über das orientalische Mönchtum gelesen hatte – nicht um zu kopieren, wie sie es damals gemacht haben, sondern um mich inspirieren zu lassen –, gab es niemals gemischte Gemeinschaften. Daher ging ich nicht davon aus, dass unser Orden gemischt sein würde. Aber Paolo hatte diese Möglichkeit vorausgesehen. Und ich ließ mich von ihm überzeugen.

Nach Helena kamen weitere junge Menschen, Männer und Frauen, die sich vom mönchischen Leben im syrischen Ritus in Mar Musa angezogen fühlten. Die Gemeinschaft wuchs wie eine Familie, die mehr Kinder und mehr Kinder bekommt[21]. Ein kleiner Wink des Schicksals: Ein Mann namens Domenico bat darum, in der Nähe von Mar Musa als Eremit leben zu dürfen. Er war Kleiner Bruder Jesu in der Spiritualität Charles de Foucauld. Mich freute Domenicos Anfrage sehr. Charles de Foucauld war der erste

---

21 Nach jahrelangem Hin und Her zwischen Mar Musa und dem Vatikan – es bedurfte der Vertiefung und Feinjustierung von Pater Paolos Vorstellung der Beziehung zwischen Christentum und Islam – wurde der Orden von Mar Musa 2006 von Rom offiziell anerkannt, 2011 auch von der syrisch-katholischen Kirche.

Kapitel 4 Raqqa · Juni 2015

„Heilige" – auch wenn die Heiligsprechung noch nicht erfolgt war – zu dem ich eine starke spirituelle Nähe verspürt hatte! Dass einer seiner Kleinen Brüder so nah bei uns leben sollte, war für mich ein wunderbares Geschenk, das Zeichen, dass Gott uns seinen Segen für unsere entstehende Gemeinschaft gab.

Die Freunde von Mar Musa blieben uns treu und nach und nach kamen immer mehr Menschen, um hier eine Zeit im Gebet zu verbringen und bei der Restauration des Klosters zu helfen. Viele stammten aus Syrien, aber es kamen auch Menschen aus Italien und anderen europäischen Ländern. Allmählich nahm das Leben in Mar Musa Gestalt an. Der Tag begann mit den Laudes, auf die Lesung des Evangeliums folgte dann die Rezitation der Psalmen auf Arabisch, die Fürbittengebete brachten den Geschmack von Frühstück mit sich. Dasselbe folgte sogleich und bestand aus *Zaatar*, einer Gewürzmischung aus Thymian und Sesamsamen, das zusammen mit einem Stück in Olivenöl getunktes Brot, Fladenbrot oder Käse gegessen wurde. Im Anschluss widmete sich jeder seiner Aufgabe: Hausarbeit, Bewirtung der oft muslimischen Gäste – Servieren eines Tees und Besuch der Fresken in der Kapelle –, Arbeit in den umliegenden Gärten des Klosters, Wanderungen in die Berge oder die Wüste. Am Nachmittag versammelten sich alle, um gemeinsam einen Teller Reis mit einer stets vorzüglichen Soße zu sich zu nehmen. Der Tagesablauf wurde von geplanten und ungeplanten Aufgaben bestimmt. Vor der Messe, dem Höhepunkt des Tages, versammelte sich gegen 19 Uhr die ganze Gemeinschaft mit allen Gästen zur Stunde der stillen Meditation. Am Abend trafen wir uns dann auf der Terrasse, wo sich unsere Lieder und unser Gelächter im Schein der Gaslampen und der Sterne in der schlafenden Wüste verloren.

Im Jahre 1996 organisierte der Bischof von Homs eine Pilgerfahrt nach Qaryatein, genauer gesagt ins Kloster Mar Elian. Das Kloster glich einer Ruine wie Mar Musa, als Paolo es wiederentdeckt hatte. Die beiden Klöster, die nur 30 Minuten voneinander entfernt lagen, waren einst wie Zwillingsbrüder. Ich hatte mir nie die Zeit genommen, Mar Elian zu erkunden, obwohl es doch jahrhundertelang von Christen und Muslimen besucht wurde, um am Grab des Heiligen Julian zu beten. Seine Reliquien waren von jeher Gegenstand der Verehrung; es gab sogar Menschen, die Wunder bezeugten. Um das Grab aus dem 5. Jahrhundert war eine Krypta errichtet worden, darüber das Kloster. Das monastische Leben an diesem Ort hatte mehr als tausend Jahre fortgedauert, bis die Stürme der Geschichte – das Schisma und die Verfolgung durch die Osmanen – es zum Erliegen brachten und Mar Elian genau wie Mar Musa vom Sand und der Zeit verweht worden war. Ab dem 18. Jahrhundert hatte man die Kirche und das Kloster sich selbst überlassen. Doch die Nähe zur Stadt ermöglichte – das Kloster liegt vor den Toren von Qaryatein –, dass weiterhin regelmäßig Besucher aus der näheren Umgebung zum Kloster kamen.

Die Liebe auf den ersten Blick, die mich vor zehn Jahren beim Anblick von Mar Musa gepackt hatte, wiederholte sich, als ich Mar Elian sah. Die Entdeckung dieses jahrhundertealten Ortes bei Qaryatein, einem für die Geschichte unseres Landes so wichtigen Ortes, traf mich wie ein Schlag. Eine fruchtbare Oase hatte es im 3. Jahrtausend vor Christus ermöglicht, den Ort zu besiedeln. Er wurde zu einer wichtigen Etappe entlang der Seidenstraße. Und mit der islamischen Ära wurde Qaryatein zu einem Symbol für friedliches Zusammenleben von sunnitischen Muslimen und christlichen Syrern.

Kurz nach der Pilgerreise wandte sich der Bischof mit einer Bitte an unseren Orden: „Ich möchte, dass ihr euch in Mar Elian niederlasst. Genau wie in Mar Musa könntet ihr das Kloster wiederaufbauen, das klösterliche Leben wiederbeleben und einen Ort der Gastfreundschaft und des Gebets schafften, mit Blick auf das Füreinander der vereinzelten christlichen Familien der Umge-

Kapitel 4 — Raqqa · Juni 2015

bung und der großen Mehrheit der muslimischen Familien. Ich wünsche mir, dass Pater Jacques diese Aufgabe übernimmt!"

Warum ich? Ich hatte überhaupt keine Lust, Mar Musa zu verlassen. In Mar Musa war ich zu Hause, dort war meine Familie, meine Wurzeln, es war der Ort, der mir am liebsten auf der Welt war. Dort hatte ich bei Renovierungsarbeiten geschwitzt, so viele junge Christen beherbergt, das Glück der Freundschaft zu den Muslimen erfahren, und vor allem Paolo kennengelernt. Dort erfüllte mich Gott tagtäglich von Herz zu Herz, in der Messe oder im Gebet. Ich machte die Erfahrung eines tiefen spirituellen Lebens in der Schönheit unseres syrischen Ritus, in der Einsamkeit der unendlichen Wüste, in der Gluthitze des Tages und der Eiseskälte der Nächte, beim Strahlen der Sonne und beim Leuchten der Sterne, im trockenen Sand und den harten Felsen, aus denen wir Obstgärten und Quellen gehauen haben. Die aus dem Dornröschenschlaf erweckte Zitadelle war zu einer Oase des Friedens, des Gebets und der Freiheit inmitten des unterdrückten syrischen Volks geworden. Ein Ort der Auferstehung und des Lebens. Ein wahres Wunder. Und ich sollte von dort fortgehen? Allein, um an einem anderen Ort von Null zu beginnen?

Mir war klar, dass ich der einzige war, der in den Augen des Bischofs in Frage kam, ich war syrisch-katholischer Priester im antiochenischen Ritus, gehörte zur Diözese Homs, sprach Arabisch, auf Liturgie spezialisiert, tief im Glauben verwurzelt und um die Annäherung zwischen Christen und Muslimen bemüht. Zudem konnte ich mit Mar Musa auf eine langjährige Erfahrung zurückblicken. Über mir schwebte der Schatten einer unausweichlichen Entscheidung und aus Gehorsam gegenüber meinem Bischof willigte ich ein, nach Mar Elian zu gehen.

Es war, als hätte man mich in zwei Hälften geteilt, ich war wie ein vom Blitz gespaltener und aus dem Boden gerissener Baum. Es war ein Akt der Gewalt, aber es war notwendig – das wusste ich nur noch nicht. Mir ging es wie einer Frau in den Wehen: Ich musste den Schmerz annehmen, um neues Leben geben zu können. Das ist das Gute an einer Geburt, oder wie in diesem Fall einer Wiedergeburt, für Mar Elian genau wie für mich. Mar Musa zu verlassen war für mich die Gelegenheit, verborgene Talente zu entdecken und eine nie erwartete Energie und die von Gott gegebenen Gaben zu verwirklichen. Von nun an würde mein Wirken als Priester und Mönch allein unter dem Blick Gottes stattfinden und nicht mehr unter dem prophetischen, aber auch dominanten Blick von Paolo. Er war mein spiritueller Vater, doch in Mar Elian würde ich eine ungekannte Freiheit genießen und endlich ganz dem Auftrag folgen können, den Gott mir gegeben hatte, ohne mich ständig mit Paolos Vorstellungen auseinandersetzen zu müssen.

Zu Beginn war das Kloster unbewohnbar. Im Verlauf der ersten Baumaßnahmen ließ ich drei Zimmer im Kloster herrichten, ich selbst zog schließlich ins Pfarrhaus der Gemeinde, dessen Verantwortung der Bischof mir ebenfalls anvertraut hatte. Die 372 syrisch-katholischen Pfarrgemeindemitglieder, die neben den 700 orthodoxen Gemeindemitgliedern und den etwa 20.000 sunnitischen Muslimen in der Stadt lebten, brauchten dringend einen Pfarrer. Bei meiner ersten Messe als Priester in der Gemeinde war die gesamte Glaubensgemeinschaft von Mar Musa zugegen. Meine Familie. Meine geliebten Brüder und Schwestern.

***

Jihad, Joseph, Bassam, Charles, sie alle waren Priester in ihrer Heimatdiözese geworden, aber auch Badri, Georges, Renata, Houda, Nabil, Elena, Maria Pia, Jens, Samia, Maye, Badi'a, Saïde, Boutros, Ramona, Majd, Diane, Dani, Kholoud, Dima, Jihad, Yaoucé, Louis, Carol, Frederic, Georges, Sébastien, Frederikeh, Youssef:

Kapitel 4 — Raqqa · Juni 2015

In meiner betrübten Erinnerung bete ich im Stillen ihre Namen herunter. Werde ich sie jemals wiedersehen? Paolo, wo bist du nur? Und die anderen, sind sie auch entführt worden? Und was ist mit all denen, die auch ins Seminar eingetreten waren und am Ende einen anderen Weg gingen, geheiratet haben oder sich einer anderen Gemeinschaft angeschlossen haben, ob sie wohl wissen, was uns gerade widerfährt? Wir haben so viel gemeinsam erlebt, wir waren wie eine Familie. Muss ich jetzt, wo Boutros und ich Gefangene des Islamischen Staats sind, in der Vergangenheit von all diesen Orten und mir lieben Personen sprechen? Schon zwei Jahre ist es her, dass Paolo verschwand. Wo mag er sein? Und was, wenn er sich genau neben uns befindet, hier in derselben Mühle? Ob er auch in Raqqa festgehalten wird? Oder haben sie ihm schon den Kopf abgeschlagen? Ich zittere, wann immer ich daran denke. Wie oft habe ich als Gefangener in dieser Zelle gedacht, dass der Moment gekommen ist, in dem sie uns die Kehle durchschneiden. Andere Gefangene vor uns wurden hier getötet, woran das Einschlagsloch in der Wand und der Blutfleck, der am Tag unserer Ankunft vom Boden gewischt wurde, erinnerten: Wann werden wir an der Reihe sein?

Eines Nachts, einige Tage nach unserem netten Gespräch mit dem Studenten aus Damaskus, werden wir jäh aus dem Schlaf gerissen. Die Tür zu unserer Zelle wird lautstark aufgerissen. Noch ein Emir aus Saudi-Arabien. Diesen hier kenne ich noch nicht. Er hat das Gesicht nicht verhüllt. Als er seinen Männern befiehlt, uns zu fesseln und die Augen zu verbinden, sage ich mir im Stillen: „Das ist das Ende, das ist sicher." Sie führen uns zu einem Auto. Nach einer etwa halbstündigen Autofahrt bringen uns die Dschihadisten in ein großes, sehr sauberes Haus. Es sieht aus, als wäre es ganz neu. Wir werden runter in den Keller geführt, wo man uns Kleider gibt. Einer der Männer bietet uns an, uns zu duschen. Ein Aufseher bleibt bei uns, um uns zu bewachen. Wäh-

Kapitel 4 Raqqa · Juni 2015

rend Boutros sich wäscht, beginnt er ein Gespräch mit mir. Er stammt aus Kusseir. Er stellt mir eine Menge Fragen zu Gott, Jesus, zur Dreifaltigkeit, zur Kreuzigung, ohne mir auch nur die Zeit zum Antworten zu geben! Ich lächle ihn an, sage aber nichts.

„Warum antwortest du nicht? Du bist doch Priester, oder?"

„Ja."

„Na, also, dann antworte mir!"

„Ich weiß es nicht Ich habe vor fünfundzwanzig Jahren Theologie studiert, aber ich habe alles vergessen. Und wie soll ich vernünftig mit dir reden, wenn du mir dein Gewehr ins Gesicht hältst?"

Meiner Strategie treu bleibend, ziehe ich es vor, nichts zu sagen, was mein Gesprächspartner mir als Blasphemie auslegen könnte. Ich würde gerne mit ihm über die Dreieinigkeit sprechen. Was für ein großartiges Mysterium! Gott Vater, die Liebe selbst, bringt einen Sohn hervor, um sich uns zu offenbaren und entflammt uns mit dem Heiligen Geist. Aber sag das mal einem Dschihadisten, und du riskierst, geköpft zu werden. Je nach Interpretation kann der Koran tatsächlich so ausgelegt werden, dass es eine schwerwiegende Sünde ist, irgendwas oder irgendjemand Gott gleichzustellen, der einzigartig ist. Wer diese Sünde begeht, riskiert eine Bestrafung. Und da die Christen als „Götzendiener" angesehen werden, weil sie Jesus Gott zuordnen und Jesus für die Muslime nur ein Prophet war und auf keinen Fall der Sohn Gottes. Daher schweige ich lieber. Ich kenne diesen Wächter ja nicht. Wer weiß, ob er mir nicht eine Falle stellen will, um seinen Befehlshabern einen Grund liefern zu können, mich hinrichten zu lassen.

Als Boutros aus der Dusche steigt, kommt der Emir mit einem Arm voller Lebensmittel zurück: ein gegrilltes Hähnchen, Chipstüten und Coca-Cola. Selbst in Raqqa, der Stadt, die der Islamische Staat zu seiner Hauptstadt ausgerufen hat, bekommt man diese Limonade, die das Symbol für den amerikanischen Kapitalismus ist! Für gewöhnlich bin ich ein begeisterter Esser, aber hier

Kapitel 4 Raqqa · Juni 2015

habe ich keinen Hunger. Seitdem wir gefangen wurden, ist mein Magen wie zugeschnürt. Aus Höflichkeit esse ich ein kleines Stück vom Hähnchen. Der Emir beginnt ein Gespräch. Er ist sehr ruhig und hat eine sanfte Stimme. Wer würde auf die Idee kommen, dass dieser Mann einer der führenden Köpfe einer Terrorgruppe ist, die für so viele Gräueltaten in der Welt verantwortlich ist? Ursprünglich stammt er aus Saudi-Arabien aus einer reichen Familie, er hat Betriebswirtschaftslehre studiert und besitzt ein paar Ölquellen in seinem Land: „Ich verkaufe mein Erdöl nach Europa und Amerika. Alles Geld, was der Verkauf einbringt, kommt dem Dschihad zugute. Ich kaufe Waffen, die ich durch türkische Transportunternehmen nach Syrien importieren lasse."

Mit irritierender Gelassenheit erklärt er mir, dass er dies für eine göttliche Mission hält. Ich frage ihn, ob er wirklich glaubt, dass Gott von ihm verlangt, Krieg zu führen, und ob er keine Angst davor hat, in den Bomben zu sterben. „Gott selbst ruft zu diesem Krieg auf. Und ich bin bereit, zu sterben. Ich freue mich so sehr auf das Paradies und auf die Arme der Jungfrauen, die mich erwarten!"

Unsere angenehme, wenn auch absurde Unterhaltung dauert den ganzen Abend. Die Stimmung ist gelöst, wir sprechen mit offenen Herzen. Ein Telefonanruf beendet schließlich unser Gespräch: „Hallo … Ja, sie sind bei mir … Bei mir, wir unterhalten uns … Okay." Er legt auf, mit betrübter Miene. Ich kann die Enttäuschung in seinem Gesicht sehen. Hat einer der Oberbefehlshaber ihm angeordnet, uns hinrichten zu lassen? Mir kommt es vor, als würde gerade, ohne dass wir etwas davon erfahren, eine Entscheidung über uns getroffen.

Wir bleiben noch drei weitere Tage in diesem Haus, bis wir wieder zu einem Auto gebracht werden, diesmal ohne dass man uns fesselt oder uns die Augen verbindet. Jetzt müssen wir sterben, soviel ist sicher, wenn sie nicht einmal verhindern, dass wir die Orte wiedererkennen, dann, weil sie die Absicht haben, uns

Kapitel 4 Raqqa · Juni 2015

zu töten. Warum sollten sie uns den Ort, an dem wir hingerichtet werden, verheimlichen? Aber ich habe mich geirrt. Sie bringen uns doch nur wieder in dieses verdammte Loch. Rückkehr zum Ausgangspunkt. Mir schnürt sich das Herz zusammen, ich kann nicht mehr. Nimmt das denn nie ein Ende? Lieber sollen sie mich töten! Warum tun sie es nicht? Glauben sie etwa, dass wir zum Islam konvertieren und sie uns dann freilassen können? Ist das ein unbewusstes Eingeständnis dafür, dass sie keinen vernünftigen Grund haben, uns hier festzuhalten und erst recht nicht, uns zu töten?

Ich hätte große Lust, ihnen zuzurufen, dass ich niemals die *Schahāda*[22] ausrufen werde! Ich wünsche mir hingegen, dass Boutros sie ausruft, um seine Freiheit zurückzuerlangen. So könnte er zu meiner Familie und meinen besten Freunden gehen, um ihnen mitzuteilen, dass ich getötet wurde, glücklich darüber als Märtyrer mein Leben in Treue zu Jesus Christus hingegeben zu haben. Und gleichzeitig könnte er alle in Mar Musa warnen und ihnen raten, zu fliehen.

Am liebsten würde ich ihm ins Ohr flüstern: „Boutros, sag ihnen, dass du zum Islam konvertierst, dann bist du frei und kannst alle wiedersehen!" Während ich diesen Gedanken nachhänge, bin ich gleichzeitig angewidert von meinem Egoismus: Wie kann ich meinem Bruder Boutros etwas wünschen, zu dem ich selbst niemals bereit wäre? Ich frage mich, ob dieser Wunsch, Märtyrer zu sein, richtig ist. Habe ich das Recht, mir zu wünschen, getötet zu werden? Ist es nicht anmaßend, so zu tun, als würde man den Tod Christi teilen? Weshalb würde Gott mir dieses Geschenk machen? Meine Gedanken waren völlig wirr.

Am dreiundzwanzigsten Tag, nachdem ein junger Syrer für achtundvierzig Stunden zu uns gesperrt worden war, weil er beschuldigt wurde, dem Geheimdienst *Muchabarat* Informationen zuge-

---

22 Glaubensbekenntnis, das die erste der fünf Säulen des Islam bildet.

Kapitel 4   Raqqa · Juni 2015

spielt zu haben, kommen drei Männer, ein Saudi, zwei Syrer, in unsere Zelle. Schon wieder. Was wollen sie? Diskutieren? Uns Essen bringen? Uns töten? Uns dazu bringen, zu konvertieren? Die Emire kommen und gehen und wir lassen uns von ihrer wechselhaften Laune erschüttern. Doch ich ahne, dass die heutige Begegnung von anderem Kaliber sein wird: Die Männer kommen mit einem Wasserschlauch an. Sie holen unseren neuen Mithäftling, zwängen ihn an die Wand und schlagen mit dem Schlauch auf ihn ein und beschimpfen ihn dabei schonungslos. „Dreckiger Verräter!", rufen sie wieder und wieder. Dann wenden sie sich mir zu:

„Wer ist hier der Pfarrer?"

„Das bin ich", sage ich und lenke ihren Blick, der sich Boutros zuwendet, wieder auf mich.

„Dreh dich um, dreckiger Franzose. Du bist gekommen, um die Muslimen zu konvertieren! Dreh dich um!"

„Nein, ich bin Syrer. Ich habe einen französischen Namen, aber ich bin Syrer!"

„Halt's Maul!"

Jetzt werde ich ausgepeitscht. Der Schmerz ist unerträglich. Sie hören nicht auf. Der Schlauch knallt auf meine Haut, mein Rücken brennt, meine Haut wird zerfetzt. Sie beleidigen mich und schlagen mich weiter. Ich versuche, zu antworten, aber sie geben mir keine Zeit. Ich könnte heulen vor Schmerz. Ich schließe die Augen. Plötzlich, als würden die Schläge nachlassen – tatsächlich gehen sie mit noch mehr Wucht auf mich nieder –, als würde ich meine eigenen Schreie nicht mehr hören, bin ich von einer Art inneren Ruhe erfüllt und in meinem Geist formt sich ein Bild: Ich sehe Jesus vor mir, wie er gegeißelt wird. Ich schäme mich. Ich großer Sünder bin es nicht wert, am eigenen Leib zu erfahren, was mein Gott durchlitten hat. Nachdem sie zwanzig Minuten auf uns eingeschlagen haben, hören die Folterer endlich auf. Der, der mich geschlagen hat, packt mich, nimmt ein Messer und hält es mir an die Gurgel:

Kapitel 4   *Raqqa · Juni 2015*

„Sag, dass es dir leid tut!", befiehlt er mir.

„Was soll ich sagen?"

Stille. Er beginnt zu zählen: „Eins, zwei, drei ..." So nah habe ich den Tod noch nie gespürt. In wenigen Sekunden, Jesus, werde ich bei dir im Himmel sein. Im Geiste sehe ich mein Leben vorüberziehen. Papa, Mama, meine Geschwister. Aleppo, die Kirchen, das Kleine Seminar, die Bibliothek, das Akkordeon, das Gymnasium, die Druckerei, der Libanon, meine Ordination, Mar Musa, Mar Elian. Ich unternehme eine letzte Anstrengung und flehe mit lauter Stimme zu Gott: „Lieber Gott, hab Erbarmen mit mir!"

Aus meinem tiefsten Innern sprudelte dieser Satz wie die Kulmination aller Jesusgebete, die ich betete, seit der Emir geraten hatte: „Betrachte die Zeit in Gefangenschaft als Exerzitien!" An dem Tag, an dem ich diesen Satz verstanden hatte, bekam meine Gefangenschaft einen Sinn. Und was, wenn Gott sie als Vorbereitung für den Tag der großen Reise sah, den Tag, an dem ich hingerichtet werden würde? War diese Gefangenschaft nicht auch ein Geschenk, das mir die Möglichkeit gab, mich in die ständige Gegenwart Gottes zu begeben, um mein Herz zu läutern, bevor ich vor ihn trat?

Von da an machte ich es mir wieder zur Gewohnheit, immerzu die kurzen Bittgebete zu sprechen, die in Mar Elian von den alltäglichen Belangen verdrängt worden waren. Am Ende hatte ich die Praxis des immerwährenden Gebets sogar ganz und gar aufgegeben. In der Gefangenschaft nahm das *Jesusgebet* wieder seinen Platz ein. Es gibt meinem Tag einen Rhythmus. Es hilft mir, mir immer wieder zu sagen, dass ich mich ganz in die Hände des Herrn überantworte, dass ich annehme, was er für mich vorgesehen hat, dass nichts in meiner Hand liegt, dass ich ihm zurufe, dass er mich retten soll! „Herr Jesus Christ, hab Erbarmen mit mir Sünder!" Dieses Flehen um Barmherzigkeit ist die einzige unveränderliche Realität, die sich durch unser Leben zieht. Alles ist irgendwann vorbei, auch die wunderbarsten Werke und das schönste Leben, alles geht zu Ende, bis auf die Notwendigkeit der göttlichen Barmherzigkeit für den Menschen: Wir müssen immer von Gott gerettet werden. In dem Moment entdecken wir unsere Geringfügigkeit, wir gestehen, dass wir nichts tun können, als uns in den Ozean der Barmherzigkeit zu stürzen, um uns aufzulösen und selbst durch unser immerwährendes Gebet zu einem Ozean der Barmherzigkeit für all unsere Brüder und Schwestern zu werden, vor allem für diejenigen, die diese Gnade nicht kennen und sie besonders nötig haben.

Mit der Klinge an meinem Hals brülle ich diesen Satz wie eine letzte Bitte. Mein Schrei erfüllt das ganze Verlies. Als der Folterknecht ihn hört, reißt er mich an den Haaren, schleudert mich zu Boden und verschwindet. Gott hat mich erhört, er ist erschienen, sodass der Dschihadist seine barbarische Tat nicht zu Ende geführt hat. Vor dieser Barmherzigkeit, die mich plötzlich umgibt, kann er nur fliehen. Wütend, aber gleichzeitig auch bestürzt stürmt er aus dem Raum. Kein Wunder, dass er verwirrt ist, als er erlebt, wie so viel Barmherzigkeit sich der Gewalt gegenüberstellt.

Seine beiden Männer folgen ihm nach. Der zermürbende Bluff endet hier, zumindest für ein paar Stunden. In der Nacht jedoch kommen sie wieder. Ich werde fast ohnmächtig, als ich sie sehe, ein weiteres Mal stehe ich die Folter nicht durch. Ich hoffe, dieses Mal wollen sie mich auch wirklich töten. Mein ganzer Körper schmerzt und ich bin nervlich am Ende. Zuerst schlagen sie uns einige Male, dann zwingen sie uns, etwas von dem gegrillten Hähnchen zu essen, das sie mitgebracht haben. Das ist absurd, zuerst peitschen sie uns aus, drohen uns damit, uns die Kehle durchzuschneiden, dann schlagen sie uns ... und dann zwingen sie uns, etwas zu essen. Aber ich bekomme keinen Bissen herunter, keinen Krümel, nicht einmal einen Schluck Wasser. Alles ekelt mich an. Ich gehe zum Klo. Einer von ihnen schreit:

„Wo willst du hin?"

„Ich habe Bauchschmerzen. Bitte, ich möchte nichts essen."

Ich bleibe auf der Toilette, bis sie unsere Zelle verlassen haben.

Am nächsten Tag kommt der saudi-arabische Emir, in dessen Haus wir drei Tage lang waren, im Sturmschritt in unser Gefängnis. Sofort hebt er mein T-Shirt an und als er meinen zerschundenen Rücken sieht, fragt er in barschem Ton:

„Wer war das?"

„Ich kenne seinen Namen nicht."

„Warum hat er das getan?"

„Ich weiß es nicht, bestimmt hat er einen Befehl ausgeführt."

„Nein, das ist unmöglich. Unser Gesetz erlaubt so etwas nicht. Man darf die Gefangenen nicht auspeitschen. Ich werde dem *Wali* Bericht erstatten, damit der Mann verurteilt wird."

„Bitte, verschone ihn. Er war im Glauben, das Richtige zu tun. Ich verzeihe ihm."

„Das ist nicht dein Problem, das geht dich nichts an. Er hat unser Gesetz nicht respektiert, unsere Justiz muss sich darum kümmern."

Nach diesen Worten bringt der Emir uns zu seinem Wagen und fährt uns ins Krankenhaus im Zentrum von Raqqa. Der Markt ist gerammelt voll. Die Stände sind überfüllt. Die Stadt pulsiert, ist erfüllt vom Hupen, den Autos, den Satellitenschüsseln an den Fenstern. Alle Männer tragen Bärte, die Frauen sind kaum zu erkennen hinter den schwarzen Niqabs, unter denen nicht einmal die Augen zu sehen sind. An allen Ecken stehen bewaffnete Soldaten, die die Gespräche, die Geschäfte und die Kleidervorschrift überwachen. Im Krankenhaus gibt man uns etwas gegen die Schmerzen. Danach lädt uns der Emir zu einem leckeren Cocktail aus Fruchtsaft ein, als wolle er uns aufmuntern, bevor er uns wieder zurück ins Gefängnis bringt. Als wir gerade ein paar Minuten unterwegs sind, erblickt er einen Freund auf der Straße.

Kapitel 4   Raqqa · Juni 2015

Er gibt dem Fahrer den Befehl anzuhalten und beide steigen aus dem Wagen, der Motor läuft, die Schlüssel stecken, die Waffen liegen auf dem Armaturenbrett und wir sind im Wageninnern. Ich gucke zu Boutros. Wir haben den gleichen Gedanken. Das ist die Gelegenheit, von der wir geträumt haben: ans Steuer setzen und fliehen! Wir wissen genau, dass das unmöglich ist. Bei all den Straßensperren, die die Dschihadisten an allen Ecken und Enden errichtet haben, würden wir nicht weit kommen. Dennoch reizt mich die Idee und ich muss lächeln. Oder bin ich gerührt von dem Vertrauen, das uns der Emir entgegenbringt?

Als er zum Auto zurückkommt, stellt er eine CD mit vorgetragenen Suren an. Er wählt die von Youssef[23]. Ich glaube nicht an einen Zufall: Das ist Absicht, das ist sicher. Die Stimme, die erklingt, beschwört die wunderbare Geschichte von Josef herauf. In der Bibel wie auch im Koran wird erzählt, wie der zweitjüngste Sohn Jakobs von seinen Brüdern verkauft und als Gefangener nach Ägypten gebracht wird. Er verliert die Hoffnung nicht und Gott lässt ihn nicht im Stich, denn Gott verleiht ihm die Gabe, Träume zu deuten, sodass der Pharao ihn zu seinem Berater ernennt. Viele Jahre später grassiert eine Hungersnot in Kanaan und Josefs Brüder kommen nach Ägypten, um um Essen zu betteln, und müssen feststellen, dass ihr Bruder, den sie tot glaubten, zum Vizekönig des Landes ernannt wurde. Es tröstet mich, diese Geschichte, die ich in- und auswendig kenne, zu hören. Wie Josef will ich glauben, dass Gott mir auferlegt, standzuhalten in der Prüfung, denn er wird mich retten!

Der Emir hätte genauso gut Verse einlegen können, die zum Töten der *Nassara* aufrufen, so wie es die beiden Dschihadisten gemacht haben, die uns entführt haben! Aber er hat ganz im Gegenteil eine Sure gewählt, die sich auf die christliche Tradi-

---

23 Josef.

tion bezieht. Ich lasse mich hinfort tragen von der Rezitation. Am Ende der Sure schaltet der Emir aus und dreht sich zu mir um: „Wie könnt ihr glauben, dass Jesus Gottes Sohn ist? Oder behaupten, dass Gott, der einzigartig ist, aus drei Personen besteht?" Die ewige Frage, die selbst für mich ein Rätsel bleibt! Doch da ich spüre, dass der Mann mir die Frage nicht gestellt hat, um mich zu verurteilen, sondern um sie zu verstehen, bitte ich den Heiligen Geist, mir die richtigen Worte einzuflößen und beginne zu sprechen. „Weißt du, dass es einen *Hadith*[24] von Anas ibn Mālik[25] gibt, der besagt, dass er den Gesandten Allahs habe sagen hören: ‚Ihr seid die Kinder Gottes und den, den er am meisten liebte, ist der der ihn fürchtet?' Wenn wir die Kinder sind, dann ist er doch der Vater. Und als er sah, wie seine Kinder sich in Sünde verloren, wollte er sie retten. Er sandte viele Propheten, aber die Menschen hörten nicht auf sie. Also wollte er selbst zu uns kommen! Darum ist Gott Mensch geworden, durch Jesus Christus, den wir deshalb ‚Sohn Gottes' nennen, ohne jedoch seine Wirklichkeit als Gott Vater zu verlieren. Da er Gott ist, kann er alles: warum sollte er nicht Mensch werden können? Was ist bedeutsamer, ein Gott, der da oben auf seinem Thron sitzt, Befehle gibt und dem alle gehorchen und sich ihm unterwerfen wie Sklaven oder ein Gott, der sich selbst erniedrigt und sich selbst zum Diener macht, um seinen Geschöpfen zu zeigen, wie sehr er sie liebt? Wie verstehst du diesen Satz von Anas ibn Mālik, der Mohammed hat sagen hören, dass die Menschen ‚Kinder Gottes' sind, wenn du glaubst, dass es eine riesige Distanz zwischen dir und ihm gibt? In dem Fall siehst du nicht die Beziehung zwischen einem Vater und seinem Sohn, son-

---

24 Die Hadithe sind Sammlungen der Aussprüche oder Überlieferungen des Propheten Mohammed und seiner Gefährten und sie beziehen sich auf den Koran oder auf nachahmenswerte Handlungen.

25 Anas ibn Mālik war ein Gefährte Mohammeds, auf den 1266 Hadithe zurückgeführt werden. Für die Sunniten gilt er als einer der verlässlichsten Überlieferer vom Leben und den Prophezeiungen des Propheten Mohammed.

Kapitel 4 — Raqqa · Juni 2015

dern zwischen einem König und seinem Sklaven. Das, was Jesus uns offenbart, ist, dass er Gottes Sohn ist und dass auch wir alle seine Kinder sind. So führt er uns zur Liebe Gottes und lädt uns ein, einander zu lieben, so sehr, dass wir sogar bereit sind, unser Leben füreinander zu geben, so wie Jesus selbst es getan hat."

Der Gesichtsausdruck des Emirs bringt seine Missbilligung deutlich zum Ausdruck. Es steht außer Frage, dass er nicht mit dem einverstanden ist, was ich sage. Aber er nimmt es mir nicht übel. Er hat eine Frage gestellt, ich habe sie beantwortet. Wie schon die kleine Bernadette von Lourdes gesagt hat, deren Geschichte Mama mir erzählte, als ich klein war: Ich habe den Auftrag, es ihnen zu sagen, nicht, sie zum Glauben daran zu bringen. Alles Weitere liegt bei Gott ...

Das Feingefühl und das Interesse dieses Mannes, der mich nicht anklagt, stärken mich einerseits, doch auf der anderen Seite stoßen sie mich vor den Kopf. Wie ist es möglich, dass dieser feinsinnige und kultivierte Mann, der fünfmal am Tag betet und immer versucht, Gottes Gesetze zu befolgen, einer Terrororganisation angehört, die Sklaverei betreibt und so viele Attentate und Exekutionen auf dem Gewissen hat? All die Dschihadisten, die mir während meiner Gefangenschaft begegnet sind, sind mir ein Rätsel. Ich bin tief überzeugt davon, dass Gott die reine Liebe verkörpert: Der Tod, die Kriege und der Hass können nicht von ihm kommen. Wie ist es also möglich, dass man auf der einen Seite eine regelmäßige Beziehung zu Gott hat und auf der anderen Seite Gewalt ausübt?

***

An den darauffolgenden Tagen, dachte ich lange nach und versuchte, Antworten auf meine Fragen zu finden. Ich erinnerte mich an all die Gespräche, die ich mit den Dschihadisten geführt hatte.

Sie beteuern, dass sie der Methode des Propheten folgten und sich auf die Anfänge des Islams berufen. Nach ihrem Verständnis haben Mohammed und seine Gefolgsleute zunächst Angst und Schrecken verbreitet, wenn sie ein Gebiet erobern wollten: Entführungen, Plünderungen, Enthauptungen. Dem folgten die Kämpfer auf Pferden, mit Säbeln in der Hand und die erstarrte Bevölkerung war bereit, sich ihnen zu unterwerfen. So erklären die Dschihadisten gerne die sagenhafte Ausdehnung des Islams, der sich im 7. Jahrhundert zunächst in Spanien und dann bis an die Pforten Asiens ausbreitete. Ich bin kein Historiker und meine Kenntnisse sind begrenzt, ich kann also nicht bezeugen, ob es wahr ist oder nicht. Ich berichte nur, was meine Entführer, Wächter und Emire, die sich mit uns unterhielten, uns gesagt haben. In ihren Augen ist die Weltherrschaft ein göttlicher Auftrag, selbst wenn sie dafür zu terroristischen Mitteln greifen müssen. Aber kann man wirklich Attentate verüben oder Menschen den Kopf abschlagen, also Werke des Teufels tun, und gleichzeitig eine ehrliche Beziehung zu Gott führen? Als Christ weiß ich, dass Gott so etwas nicht von uns verlangen würde. Im Gegenteil, er hat uns allein aus Liebe geschaffen, damit wir einander lieben. Das natürliche Gesetz, das er jedem seiner Geschöpfe ins Herz gepflanzt hat, ist Liebe zu geben und zu nehmen. Auch die Dschihadisten kommen übrigens neben ihrer Gewalt unwissentlich diesem Aufruf zur Liebe nach, indem sie mir zu essen bringen, sich um mich kümmern, mir Kleidung geben. Auch sie haben also ein Herz, das sie hinter ihrer grauenvollen Rüstung verbergen, etwas Sanftheit hinter der augenscheinlichen Härte. Dadurch, dass ich gezwungen bin, in ihrer Nähe zu sein, erlebe ich, wie ihre Freundlichkeit plötzlich zu Bosheit umschwenken kann und mir wird langsam klar, dass sie im Innern einen heftigen Kampf ausfechten: Ein Teil von ihnen glaubt, dem Beispiel von Mohammed buchstabengetreu folgen zu müssen, so grausam es auch sein mag; der andere Teil ist von der Menschlichkeit erfüllt, die Gott uns allen gegeben hat und die sie dazu bringt, sich um uns zu kümmern.

Als mir dieser schreckliche Konflikt bewusst wird, der in ihrem Herzen tobt, bekomme ich plötzlich großes Mitleid mit ihnen. Ich werfe ihnen nichts vor. Sie sind Gefangene eines Systems und bestimmt in ständiger Bedrängnis. Erst jetzt begreife ich, was damit gemeint ist, dass Jesus uns „befreit": Durch Jesus bin ich frei, frei im Denken, frei um zu erkennen, sogar frei um meine Feinde zu lieben! Durch meinen Glauben an Jesus Christus hält mich keine Kette, nichts zurück, niemand verlangt von mir, mich dem einen oder anderen Ritus anzuschließen. Das einzige Gebot, der einzige Befehl, den ich erhalte, ist, geliebt zu werden und grenzenlos zu lieben! Manchmal, wenn ich in meiner düsteren, feuchten Zelle vor mich hinvegetiere, wird mir plötzlich bewusst, welche Freiheit ich genieße, nur dadurch, dass Jesus Christus bei mir ist und in mir dieser eine Befehl der Liebe erklingt. In dem Moment empfinde ich Mitleid für die Kämpfer des Islamischen Staats. Zwar haben sie die Freiheit, zu kommen und zu gehen, wann sie wollen, doch mir kommt es vor, als säßen sie in einem Gefängnis, das noch viel düsterer ist als dieses Klo. Durch mein kleines Fenster dringt nicht sehr viel Licht, aber sie sind diejenigen, die in Finsternis leben. „Vater, vergib ihnen, denn sie wissen nicht, was sie tun" (Lk 23:34). Ich messe die Gewalt an dem, was sie selbst erleben. Sie sind hin- und hergerissen zwischen dem angeblich Göttlichen, dem sie glauben gehorchen zu müssen, und dem wahren Göttlichen, das tief in ihren Herzen versteckt ist.

Mit diesem wachsenden Mitgefühl, das jedoch in bestimmten Momenten von der Wut oder Verzweiflung verdrängt wird, beschließe ich, diese Leute nicht mehr für ihre Texte oder ihre Geschichte zu verurteilen, denn es wäre unfair, sie auf ihre problematischsten Äußerungen zu reduzieren. Wenn einer ein kaputtes Auge hat und ich nur auf dieses kaputte Auge schaue, dann bekommt er dieses Handicap geradewegs zurückgespiegelt, was bei ihm unweigerlich ein Gefühl von Wut und Ungerechtigkeit auslösen wird. Aber wenn ich stattdessen nur auf sein gesundes Auge blicken würde, könnte das dann nicht dabei helfen, das kranke zu vergessen und seinen Frieden zu finden? Mir wird bewusst, wie zerrissen diese Männer sind, was für ein inneres Drama sie durchmachen. Um sich daraus zu befreien, stürzen sie sich in Gewalt bis in den Tod. Sie wollen als Märtyrer sterben, weil ihnen das Paradies versprochen wird. Andere wählen den gegenteiligen Weg und wenden sich ab vom Islam, abgestoßen von so viel Gewalt. Ich kann es selbst bezeugen: Wie viele Muslime sind zu mir gekommen, weil sie Christen werden wollen? Sie lehnen das Ganze ab und wollen gerne getauft werden. Christ zu sein bedeutet für sie Aufrichtigkeit, Integrität und Frieden.

Durch unsere Freundschaft zu den Muslimen, die in vielen gemeinsamen Jahren gewachsen ist, haben wir ihnen ermöglicht, Gottes durch Jesus verkörperte Liebe zu erfahren. Wenn jemand wirklich überzeugt war – Christ wird man nicht, weil man etwas anderes ablehnt, sondern weil man sich voll und ganz für die Liebe Jesu entschieden hat –, und wir uns bewusst gemacht haben, was der Heilige Geist mit ihnen vorhat, haben wir sie aufgenommen. Doch die große Mehrheit der islamischen Männer und Frauen entscheidet sich nicht zwischen Gewalt oder Konversion, sondern versucht, den Weg mit Gott zu gehen. Bei den anderen werde ich versuchen, nur das gesunde Auge anzublicken, wenn sie durch einen lebendigen Blick oder eine versteckte Träne etwas von ihrem guten Herzen durchscheinen lassen, das sich hinter ihrem Panzer versteckt.

Ich will lernen, in ihnen nicht die Nachfolger von Texten, Traditionen oder der Geschichte mit ihren Höhen und Tiefen zu sehen, sondern von Gott geschaffene und geliebte Menschen. Ich will versuchen, ein Zeuge der göttlichen Liebe zu sein, die uns von allen Fesseln befreit. Ich will als Freund an ihrer Seite sein, der Vertrauen schenkt, damit sie durch mich die wahre und liebende Gegenwart Gottes erfahren können. Er allein kennt ihre Herzen. Er allein kann hier sein Werk vollbringen. Meine Aufgabe ist es, die zu begleiten, die er mir zuführt, und sein Zeuge zu sein. Meine Zeugenschaft beginnt schon mit einem einfachen Lächeln. Ich versuche selbst dann noch zu lächeln, wenn ich von den Dschihadisten misshandelt werde oder am Rande eines Nervenzusammenbruchs bin. Das verlangt ein gewisses Maß an Selbstbeherrschung. Und die geht nicht von mir selbst aus, sondern Gott gibt sie mir im Gebet. Er hilft mir, Ruhe zu bewahren, und die Ruhe greift auf meinen Peiniger über. Wie sollten sie auch ruhig bleiben, wenn ich selbst nicht ruhig bin?

Das Mitleid, sogar Liebe, die ich empfinde, ist für sie ein Balsam, der ihre Qualen lindert. Es ist, als würde meine stumme Freundlichkeit die extreme Gewalttätigkeit in ihren Herzen mildern. Indem ich mich dazu zwinge, den guten Menschen in ihnen zu sehen, erwecke ich ihre verborgene Menschlichkeit, ich helfe ihnen dabei, sich von dem Monster zu befreien, das sie zu sein scheinen.

Oh, aber ich gelange nicht durch eigene Kraft dorthin, es ist Gottes Geschenk! Ich erfahre die Aufforderung Jesu: „Liebet eure Feinde; segnet, die euch fluchen; tut wohl denen, die euch hassen; bittet für die, so euch beleidigen und verfolgen" (Lk 6:27; Mt 5:44). Dieser Satz hatte für mich immer etwas Abstraktes behalten. Plötzlich erfuhr ich, dass es wahr und möglich war. Ich bin glücklich, diese Worte zu bezeugen. Es ist nicht einfach, das Evangelium ehrlich zu leben, schon gar nicht auf diese schweren Verse bezogen. Mag sein, dass Jesus Unmögliches von uns verlangt, doch was ist unmöglich an der Gnade Gottes? Ich empfange diesen Satz von Jesus wie eine Berufung. Ist das nicht die wahre Bestimmung der Christen des Orients, der Kirche der Märtyrer?

Kapitel 4 *Raqqa · Juni 2015*

Manchmal ist mein Herz voller Mitgefühl. In anderen Momenten bin ich kurz davor, zusammenzubrechen. Einmal kommt im Ramadan ein Scheich aus Aleppo zu mir und schreit mich auf unglaublich brutale Weise an. Ich bringe kein Lächeln mehr zustande. Beinahe jeden Tag bedrohen sie uns mit den Worten: „Werdet Muslime oder wir schlagen euch den Kopf ab!" Aber es ist nur ein Schwall von Beleidigungen und Verleumdungen: Sie schimpfen mich einen Hund, Häretiker, Verräter, Kreuzritter. Das geht vorbei. Ich lasse sie ihr Gift ausspeien, ohne mich zu verteidigen, aber ich lächle auch nicht. Doch was jetzt gerade passiert, ist unerträglich. Und falls es doch nicht schlimmer als all die anderen Male sein sollte, ist es vielleicht das eine Mal, welches das Fass zum Überlaufen bringt. Ich kann nicht mehr. Ich fühle mich gebrochen, am Rande einer schlimmen Depression. Seit so vielen Wochen schon bin ich hier eingesperrt und muss die seelische Folter über mich ergehen lassen, ohne je die Sonne oder den Mond zu sehen, ganz und gar eingesperrt. Ich gehe kaputt. Am liebsten würde ich die Dschihadisten bitten, mir die Kehle durchzuschneiden, nur um dem Ganzen hier ein Ende zu setzen. Der Tod erschien mir reizvoller als die beklemmende Gefangenschaft. An diesem Abend bin ich wahnsinnig wütend. Meine Geduld ist am Ende, ich habe keine Kraft mehr, um noch weiteren Drohungen standzuhalten. Gebete können mich nicht mehr beruhigen. Ich kann nicht einmal mehr den Rosenkranz beten, mit dem ich mich immer beruhigen konnte. Ich bin zu aufgewühlt. Vergeblich versuche ich zu schlafen. Ich drehe mich hin und her. Von der Müdigkeit übermannt, schlafe ich schließlich doch ein paar Stunden.

Mitten in der Nacht wache ich plötzlich auf und singe *Nada te turbe*, Nichts soll dich ängstigen, auf Arabisch zur Melodie aus Taizé. Die arabische Version dieses Liedes existiert jedoch gar nicht, ich kenne es nur auf Spanisch! Außerdem bin ich seit meiner Entführung so furchtbar durcheinander, dass ich alle Texte von

Kapitel 4   Raqqa · Juni 2015

jedem religiösen Lied vergessen habe, die ich je kannte, obwohl ich sie doch seit meiner Kindheit immer gesungen habe! Die einzigen Texte, an die ich mich überhaupt noch erinnern kann, sind die von Fairuz, vielleicht, weil ich sie mit den schönsten Erinnerungen meines Lebens verbinde. Häufig singe ich die Lieder allein oder mit Boutros, es beruhigt mich, sie zu hören. Die Art, wie sie ihre mit Hoffnung vermischten Tragödien in Melodien und Worte fasst, drückt genau aus, was ich gerade empfinde, und gibt mir so neuen Mut. Aber in dieser Nacht ist es nicht Fairuz, die mich weckt, sondern Teresa de Ávila. Ihr Lied vom Vertrauen sprudelt auf Arabisch aus mir heraus, wie ein elektrischer Schlag. „Nichts soll dich ängstigen, nichts dich erschrecken. Alles vergeht, Gott bleibt derselbe. Geduld erreicht alles. Wer Gott besitzt, dem kann nichts fehlen. Gott allein genügt". Plötzlich fühle ich mich aufgehoben von den Zeilen, die so viel Mut geben, und der sanften Melodie. Ich schwebe am Rande des Abgrunds, als auf einmal eine geheimnisvolle Kraft kommt und mich zurückzieht, als hätte mir jemand ein Seil zugeworfen, um mich hochzuziehen. Wie weggeblasen sind meinen ganze Wut, meine tiefe Verzweiflung und mein Wunsch, allem ein Ende zu setzen. Gott verlässt mich nicht. Er bleibt an meiner Seite, um mich zu trösten und um mir Hoffnung zu geben.

Zum wiederholten Mal habe ich während meiner Gefangenschaft in Raqqa die Erfahrung von Gottes Gegenwart gemacht, er war mir immer nahe, selbst als ich so verzweifelt war, dass ich dachte, alle hätten mich längst vergessen. Nach den ersten Tagen meines Verschwindens haben sie vielleicht noch um mich geweint, doch dann mussten sie sicher wieder in ihren Alltag zurückkehren! Sie haben einen Schlussstrich unter die Sache gezogen. Oh, wie verlassen ich mich fühle! Ich bin zwar am Leben, aber völlig allein! Ich habe das Gefühl, niemandem mehr etwas zu bedeuten, nur noch eine vage Erinnerung zu sein. Diese düsteren Gedanken befallen mich oft und dann will ich nur noch so schnell wie möglich sterben. Aber sobald ich anfange zu beten, fühle ich mich auf unerklärliche Weise getröstet. Ich bete nicht nur den Rosenkranz, sondern auch andere Gebete, die ich mir ausgedacht habe. Oder die kurzen Gebetstexte nach dem Modell des Hesychasmus, die ich unablässig vor mir hersage. Jetzt da ich Gefangener des Islamischen Staats bin, kann ich bezeugen, dass Gott da ist, dass Gott nah ist, dass Gott mich erretten wird. Ich bin mir bewusst, dass ich völlig verzweifelt bin. Und gleichzeitig fühle ich mich geborgen, getragen, beschützt, so als wäre alles plötzlich ganz leicht und erträglich. Seine Gnade allein ist genug und ich erlebe sie tagtäglich. Meine Zelle, meistens eher der Hölle gleich, wird zu einer Einsiedlerklause. Meine Gefangenschaft zu einem Exerzitium. Meine Verzweiflung zu einer Schulung in Gebet und Verzicht.

Palmyra, Syrien
August 2015

12. August 2015. Schon vierundachtzig Tage sind vergangen, seit wir verschleppt wurden. Und schon drei Wochen, seit Boutros nicht mehr bei mir ist. Am 27. Juli kamen ein paar Männer und nahmen ihn mit, ohne jegliche Erklärung. Ich hatte Angst, sie würden ihn umbringen. Ich fragte einen Wächter, er sagte: „Sie haben ihn frei gelassen." Ein paar Tage vorher hatte man To′meh el-Hay, einen fünfundfünfzigjährigen, psychisch sehr labilen Mann zu uns gesperrt. Jetzt bin ich mit ihm allein. Ohne seine Medikamente bekommt er häufig sehr heftige Anfälle, ich versuche dann, ihn mit Worten zu besänftigen.

Wie jeden Morgen bete ich den Rosenkranz. Vor drei Tagen habe ich Maria sogar ein Versprechen gegeben: „Wenn ich befreit werde, pilgere ich nach Lourdes!" Ein Gelübde, das sich mir quasi aufgedrängt hat, denn ich war noch nie in Frankreich und die Chancen, dass ich jemals dort hinkommen werde, tendieren gegen Null, so wie die Dinge liegen. Am späten Vormittag kommt ein Wächter in die Zelle und sagt: „Mach dich fertig!" Verblüfft frage ich ihn: „Wollen Sie uns freilassen?" Aber er antwortet nicht. Er lächelt nur und schließt die Tür. Mit einer Mischung aus Freude und Angst fahre ich mit meinem Gebet fort, kurz danach dusche ich mich. Ein paar Minuten später betritt ein Emir, der aus Saudi-Arabien gekommen ist, unsere Zelle.

„Bist du *Baba* Jacques?"

„Ja."

„Wir haben uns den Kopf zerbrochen über dich. Bist du bereit?"

„Ja."

Kapitel 5 — Palmyra, Syrien · August 2015

„Los."

Er greift meine Hand, um mich nach draußen zu führen und ich bin verwirrt. Was passiert jetzt? Was meint er damit, „sie haben sich den Kopf zerbrochen"? Und Boutros? Da ist er ja! Sie haben ihn in einen anderen Raum der Mühle gebracht. Warum haben sie uns wohl getrennt? Um unsere Nerven, unsere Geduld, unseren Glauben auf die Probe zu stellen? Vielleicht denken sie, wir geben schneller auf, wenn wir allein sind und sind eher bereit, zu konvertieren. Ich bin enttäuscht, dass er nicht frei gelassen wurde… aber glücklich, ihn zu sehen! Doch meiner Freude wird ein jähes Ende gesetzt, als ich den Minibus erblicke, der vor der Tür steht. Ich habe ihn schon mal gesehen. Er gehört Jamil, einem meiner Gemeindemitglieder. Ich bin verzweifelt: Haben sie etwa Qaryatein eingenommen? Was ist mit den Christen aus der Stadt und mit meiner Kirche und dem Kloster?

Wir steigen in den Wagen. Die Fragen, die mir durch den Kopf schießen, bleiben unbeantwortet. Wir verlassen die Provinz Raqqa und kommen nach Palmyra. Endstation. Bei unserer Ankunft greift der Emir, der mich begleitet, erneut meine Hand, um mir beim Aussteigen aus dem Minibus behilflich zu sein. Vor mir ein großes Eisentor. Der Emir öffnet es. Auf der Schwelle zu einer riesigen Halle, stehen plötzlich zwei Männer aus meiner Pfarrei in Qaryatein. Nach einem Moment der Überraschung fallen wir einander in die Arme, überglücklich uns lebend zu sehen! Wir umarmen uns herzlich und können kaum sprechen, so überwältigt sind wir von unseren Gefühlen. Ich dachte, ich würde sie nie wiedersehen. Und sie dachten, ich wäre schon lange tot.

Als wir uns wieder gefasst haben, stelle ich ihnen ein paar Fragen: Haben sie Qaryatein eingenommen? Und was ist mit den anderen Gemeindemitgliedern geschehen? Meine beiden Freunde antworten nicht. Sie bedeuten mir schweigend hinter mich zu sehen. Im hinteren Teil der Halle ist die halbe Gemeinde versammelt: natürlich die Männer, aber auch Frauen, Kinder und alte Leute. Mir ist sofort klar, dass alle anderen vor der Ankunft der Miliz Islamischer Staat aus Qaryatein geflohen sind. Als sie mich erkennen, stürzen sie sich auf mich, fallen mir um den Hals, küssen mich, bitten mich, sie zu segnen, ziehen mich hin und her. Sie sind völlig aus dem Häuschen! Sie jauchzen vor Freude darüber, dass sie ihren *Abuna* wieder haben. Sie sind beruhigt, getröstet und nicht mehr ganz allein den Launen der Dschihadisten ausgesetzt, die sie gefangen halten. Selbst der Emir, der den Freudentaumel miterlebt, ist gerührt. Er verdrückt sogar ein paar Tränen. Wie wunderbar, zu erleben, wie die Zärtlichkeit zutage tritt, die sich hinter der Hartherzigkeit versteckt, wie ein Eingeständnis an Menschlichkeit!

Was mich betrifft, so taumel ich ganz woanders. Es fühlt sich an, als hätte man mir das Herz mit einem Messer durchbohrt, ich bekomme kaum noch Luft. Ich tue so, als würde ich mich freuen, ich zwinge mich, zu lächeln, verteile da, wo sie es verlangen, hier und dort liebevolle Küsschen, aber innerlich bin ich am Boden zerstört. Lieber wäre ich tot, als dies mitzuerleben. Für mich ist es unerträglich, meine Gemeindemitglieder, meine lieben Kinder in den Händen dieser Wahnsinnigen zu sehen! Diese lieben Menschen, ich habe gesehen, wie sie geboren wurden, ich habe sie getauft, ich habe sie getraut ... Wir hatten so viele schöne, gemeinsame Erlebnisse in der Gemeinde von Qaryatein und im Kloster Mar Elian! Vom ersten Tag an war ich bewegt von ihrer Achtung, ihrer Großherzigkeit und ihrer Gastfreundschaft. Als sie mich jetzt in ihre Arme schließen, kommt meine Erinnerung an diese wunderbare Zeit in Qaryatein zurück, als könnte ich so der Tragödie, die mich erwartet, für ein paar Sekunden entkommen.

Weil ich sofort mit dem Wiederaufbau beginnen wollte, organisierte ich gleich nach meiner Ankunft die ersten Renovierungsarbeiten. Den Beginn der Bauarbeiten hatte ich auf den 29. August 2000 gelegt, den Tag nach dem Feiertag von Mar Musa und ein paar Tage vor dem Feiertag von Mar Elian am 9. September. Die Arbeiten an diesem Tag zu beginnen, sollte dazu beitragen, beide Klöster mit einer gemeinsamen Geschichte zu verbinden. Als der Tag X gekommen war, ging ich zum Kloster, aber niemand war da. Enttäuscht ging ich zurück zur Kirche in die Stadt und musste feststellen, dass alle dort versammelt waren, selbst die Frauen und Kinder! Dieser Einsatz war für mich ein Zeichen des Himmels, Orthodoxe und Katholiken, alle waren sie gekommen, um beim Wiederaufbau des Klosters zu helfen. Jeden Tag stellte sich eine Familie zur Verfügung, die sich um das Essen für die ganze Gruppe kümmerte. Jeden Abend beendeten wir die Arbeiten mit einer Messe, danach gingen alle nach Hause. Wenn ich auch traurig war, dass ich Mar Musa verlassen musste, so war ich doch schnell wieder glücklich, wenn ich an die herzliche Beziehung zu meiner neuen Gemeinde dachte.

Meine freundschaftliche Beziehung zu den Menschen der Stadt, von denen die meisten Muslime waren, war ein großer Trost. Einmal ging ich auf den Markt, weil ich Material für die Renovierungsarbeiten brauchte. Als ich das gesuchte Teil gefunden hatte und bezahlen wollte, fragte mich der Verkäufer, ein Muslim:

„Wofür brauchst du das?"

„Ich brauche es für die Arbeiten am Kloster Mar Elian."

„Dann musst du mir kein Geld geben."

„Doch, natürlich. Warum sollte ich dir kein Geld geben?"

„Weil es für Mar Elian ist. Für uns Muslime ist es ebenfalls heilig. Es ist ein gesegneter Ort, bitte lass mich Gott ein Almosen darbringen."

Tatsächlich durfte ich am 9. September mit eigenen Augen sehen, welche Bedeutung Mar Elian hatte, als gut eintausendfünfhundert Muslime und Christen am großen Feiertag zum Kloster strömten, um die Reliquien des Heiligen zu ehren. Ich war sprachlos. Ich dankte ihm und fragte ihn, wo ich die mir noch fehlenden Materialien bekommen könnte. „Schnapp dir meinen Sohn und dann fahrt ihr mit deinem Auto zu einem anderen Markt, er zeigt dir wo. Dort bekommst du alles!" Wie war es möglich, dass dieser Mann, der mich überhaupt nicht kannte, mir seinen gerade mal zehn Jahre alten Sohn anvertraute, um mit mir ans andere Ende der Stadt zu fahren? Sein generöses Verhalten rührte mich zutiefst.

Der Himmel sandte mir weitere aufmunternde Zeichen für meine neue Mission. Kurz nach meiner Ankunft entdeckte ich ein Bücherregal in einem Zimmer des Gemeindehauses, das ich bezog, bis die Arbeiten am Kloster beendet waren. In jedem Buch stand derselbe Name: Éphrem Nakhlé, der Mann, der in den 1970er-Jahren Priester in Qaryatein gewesen war. Als ich die Bücher aufschlug, schien es mir, als stünde der Pfarrer neben mir. Ich hatte keine Ahnung, wer er gewesen war und was er gemacht hatte, und dennoch war er zweifellos da, für meine Augen unsichtbar, aber anwesend. Da ich seine Geschichte nicht kannte, fragte ich die alten Gemeindemitglieder nach ihm. „Er war wirklich ein Pfarrer für alle, für die Muslime genauso wie für die Christen. Wir denken alle gerne an ihn zurück und selbst jetzt, dreißig Jahre später, sprechen wir noch von ihm! Er war der erste, der eine Laterna Magica[26] hatte". Ich erfuhr, dass das Wohnzimmer des guten Pater Éphrem im Gemeindehaus zu einer Begegnungsstätte für die gesamte Stadt geworden war. Den ganzen Tag über kamen Leute, um einen Kaffee zu trinken, um Karten zu spielen oder sogar um ihre Sitzungen, die die Administration der Stadt betrafen, dort abzuhalten, was bedeu-

---

26 Die Laterna Magica war ein Projektionsgerät, mit dessen Hilfe man Bilder auf eine Wand projizieren konnte. Auf kleine Glasplatten gemalte Bilder wurden vor eine Lichtquelle – eine Öllampe oder eine Kerze – gesetzt und durch eine Linse auf die Wand geworfen.

tete, dass der Priester inmitten dieser mehrheitlich muslimischen Bevölkerung eine wichtige Mittlerrolle spielte.

Diese Entdeckung bestärkte mich in meiner Vision von Qaryatein und Mar Elian: ich wollte in die Fußstapfen von *Abuna Éphrem* treten und Pfarrer für alle Bewohner der Stadt werden, für alle, ohne Ausnahme. Ich begriff, dass Mar Elian wieder zu einem Ort der Begegnung werden musste, einem Ort des Friedens, der Erholung, der Freude, eine spirituelle Oase in der trockenen Wüste, zu dem die Menschen kamen, um zu rasten, um physische und mentale Kraft aufzutanken.

Angestoßen von Seiner Seligkeit Moussa Daoud[27] hatten die Gemeindemitglieder zudem schon drei Jahre vor meiner Ankunft einige Hundert Bäume, größtenteils Oliven, um das alte Kloster herum gepflanzt. Von dieser Initiative beflügelt, beschloss ich, auf den 65 Hektar Wüste, die die Ruinen von Mar Elian umgaben, Gemüse- und Obstplantagen anzulegen und zahlreiche Bäume rund um das Kloster herum anzupflanzen. Mein Traum war ein Wald in der Wüste! Ich bin der Ansicht, dass man groß träumen und etwas Schönes errichten muss, um dieses verschütte Grab wiederzubeleben und ihm seinen einstigen spirituellen Glanz zurückzugeben.

Durch Domenico, den Kleinen Bruder Jesu, der in der Nähe von Mar Musa lebte, hatte ich die Mitglieder des CCFD[28] kennengelernt, die unser Projekt großzügig unterstützten und mitfinanzierten. Eine Mandelbaumplantage, die Anlage von Grünflächen, der Bau einer Bewässerungsanlage, der Aufbau einer Ziegenherde – wir würden bis zu hundert Leute sein! –, Sensibilisierung der

---

27 Seiner Seligkeit Ignatius Moussa I. Daoud war von 1995 bis 1898 Bischof von Homs, bevor er von Papst Johannes Paul II. zum Präfekten der Kongregation für die Orientalischen Kirchen ernannt wurde.

28 « *Comité catholique contre la faim et pour le développement* », Katholisches Kommtiee gegen Hunger und für Entwicklung, eine nichtstaatliche humanitäre Hilfsorganisation französischer Katholiken.

Kapitel 5 Palmyra, Syrien · August 2015

Hirten der Umgebung für die Biodiversität: Es war ein ehrgeiziges Projekt! Mithilfe der Gemeindemitglieder wurde nach und nach die Erzeugung von Rosinen, Konfitüren, Olivenöl, eingelegten Oliven, getrockneten Aprikosen und Heilkräutern in Gang gebracht. Die Einheimischen fanden Arbeit bei uns und hatten so ein zusätzliches Nebeneinkommen. Und darüber hinaus erlebten sie bei der Feldarbeit in der Wüste hautnah das Geschenk der Schöpfung durch Gottes Gnade.

Zur selben Zeit bekam das Kloster Besuch von Emma Loosley, einer englischen Freundin aus Mar Musa, die zudem Spezialistin in syrischer Kunstgeschichte war und sofort den besonderen Wert der archäologischen Überreste des Kloster aus dem 5. Jahrhundert erkannte. Auf der Stelle stürzte sie sich in historische Nachforschungen und begann Bodenproben zu nehmen. Schnell entstand eine Zusammenarbeit mit dem Direktor für Archäologie der syrischen Antikenverwaltung, Dr. Michel al-Maqdissi. Die York University genehmigte uns Ausgrabungen. Auf der „Ausgrabungsstätte" setzten wir Spezialisten ein (Wouroud, Roxana, Evline, Maryam, Rana u. a.), aber auch Jugendliche aus Qaryatein. Langsam kamen immer mehr Menschen zum Kloster, um am geistlichen Leben teilzunehmen oder bei der Arbeit zu helfen. Manche kamen, um sich an den archäologischen Ausgrabungen zu beteiligen oder bei der landwirtschaftlichen Arbeit zu helfen, andere aus rein touristischer Neugierde und wieder andere zur inneren Einkehr. Das führte dazu, dass wir den Bau von neuen Gebäuden in Angriff nehmen mussten. Zudem musste die alte Kirche abgerissen werden, um das verschüttete Grab vom Heiligen Julian freizulegen. Ein paar Meter weiter wurde die Kirche dann mit denselben jahrhundertealten Steinen genauso wiederaufgebaut, in der Mitte der Stelle, um die einmal die Umwallung des neuen Klosters gebaut werden sollte. Wir verwirklichten die Arbeiten mit der tatkräftigen Hilfe von ortsansässigen Gemeindemitgliedern, zufälligen Besuchern, syrischen Familien, die eine besondere Beziehung zu Mar Elian hatten und europäischen Organisationen wie *Porticus* und Kirche in Not.

Als wollte das Kloster uns seine Zustimmung zu diesem riesigen Projekt geben, wartete Mar Elian nicht, bis die Oase zu blühen begann oder das Kloster fertiggestellt war, um sich mitzuteilen. Bald schon wurde ich zum ersten Mal in meinem Leben Zeuge von einem, ja, sogar mehreren Wundern. Ein paar Wochen nach meiner Ankunft kam eine Familie aus meiner Gemeinde nach Mar Elian. Sie hatten einen einzigen Sohn, der an einer schweren Knochenkrankheit litt und deshalb nicht laufen konnte. Die Ärzte hatten erfolglos versucht, ihm mit einer Prothese zu helfen und aus Verzweiflung über die Diagnose waren sie nach Mar Elian gekommen, um drei Tage und drei Nächte am Grab des Heiligen Julian zu beten. Jeden Morgen feierte ich die Heilige Messe mit ihnen. Am Tag, an dem sie nach Hause zurückkehrten, setzte der Vater seinen Sohn wie immer auf den Gepäckträger des Fahrrads. Aber als er dann vom Fahrrad abstieg, konnte das Kind laufen! Sofort ließen die Eltern mich rufen und ich ging unverzüglich zu ihnen und konnte selbst sehen, wie das Kind ums ganze Haus lief! Wir waren so unglaublich dankbar! Durch die Fürsprache von Mar Elian hatte Gott ihre Gebete erhört!

Etwas später kam eine muslimische Beduinenfamilie ins Kloster. Die Frau hatte ernste psychologische Probleme und erlitt immer wieder starke Nervenzusammenbrüche. Sie war sich dessen bewusst und über ihren Zustand ebenso verwirrt wie ihr Mann. Gemeinsam betraten sie die kleine Kapelle, in der sich das Grab befand, und ruhig begann die Frau für ihren Mann und ihre Kinder zu beten. Die Nacht verbrachten sie im Kloster, bevor sie am nächsten Morgen wieder abreisten. Beim Abschied sagte mir der Mann: „Das ist das erste Mal seit Monaten, dass sie die ganze Nacht in einem Rutsch durchgeschlafen hat!" Ich war ganz über-

Kapitel 5 Palmyra, Syrien · August 2015

wältigt, als ich das hörte. Welche Freude, dass der Allgütige diesem Ort mit den physischen und psychischen Heilungen seine Gnade erwies!

Neben den Renovierungsarbeiten und den anderen Projekten, mit denen wir das Kloster wieder mit Leben füllen wollten, musste ich auch meinen Platz als Gemeindepfarrer annehmen, denn in Qaryatein gab es gut tausend syrische Christen, von denen etwas weniger als die Hälfte katholisch waren. Die anderen waren orthodox. Ihr Priester, *Abuna* Barsoum, und ich waren uns einig darin, dass wir eine wirkliche Gemeinschaft zwischen unseren beiden Gemeinden schaffen wollten. Dazu hatten wir eine gemeinsame Katechismusgruppe ins Leben gerufen. Und jeden Sonntagmorgen gegen sechs Uhr war ich bei ihm zu Besuch. Wir führten lange Gespräche, im Anschluss teilten wir das *kurban*, das Brot, das wir zur Eucharistie verwenden würden. Da wir unterschiedlichen Riten angehörten, feierten wir die Eucharistie nicht gemeinsam, doch wir teilten das Brot als deutliches Symbol für unseren gemeinsamen Bund. Auch unsere Gläubigen riefen wir dazu auf, diese Gemeinschaft zu leben, als Zeichen für die zwanzigtausend sunnitischen Muslime der Stadt.

Das Miteinander unserer kleinen christlichen Minderheit innerhalb der muslimischen Mehrheit war ziemlich erfolgreich. Gestützt auf die Erfahrung aus Mar Musa, war ich darauf bedacht, bei jedem wichtigen Ereignis unserer muslimischen Freunde zugegen zu sein. Ich ging zu jeder Hochzeit und zu jeder Beerdigung. Das war meine Art, Gottes Liebe für alle seine Kinder auszudrücken. Diese Bereitschaft half mir, schnell enge Beziehungen zu der muslimischen Gemeinschaft der Stadt aufzubauen, inklusive ihres Rechtsgelehrten, dem Mufti. Und trotzdem gab so viele Leute, die sich der Muslimbruderschaft angeschlossen hatten, schon die bloße Erwähnung ihres Namens ließ mir einen Schauer über den Rücken laufen, es erinnerte mich an die Krise der Jahre

1980–1983. Aber ich lernte auch Menschen kennen, die sich in ihrer puristischen Vorstellung zwar strikt an den Regeln der Altvorderen des Islams orientierten, die aber deswegen noch lange keine Fanatiker waren, wie ich es früher vielleicht gedacht hätte. Die Existenz unserer kleinen christlichen Gemeinschaft bezeugte dies. Es wäre ein Leichtes für sie, sie zunichte zu machen, wenn sie es denn gewollt hätten. Aber wir wurden geschätzt und hatten unseren Platz in der Stadtgemeinde. Wir verlangten lediglich, beten und uns treffen zu können und in guter Nachbarschaft mit unseren muslimischen Freunden leben zu können.

***

Meine Gemeindemitglieder stehen hier, genau vor mir. Alle, die nicht geflohen sind, haben die Dschihadisten deportiert, selbst die Behinderten und die Kranken. Dort ist die ganze Familie Habib versammelt. Der Papa Abu Issam, der mit mir zusammen auf der archäologischen Ausgrabungsstätte gearbeitet hat und die Nachtwache der Stätte übernommen hatte – der arme Mann, er wurde gerade erst am Rücken operiert, nachdem er zehn Tage lang starke Schmerzen hatte; die Mama Um Issam, die mir immer sehr bei der Verwaltung zur Hand gegangen ist und jeden Tag für hunderte von Muslimen gekocht hat, die vor dem Krieg nach Mar Elian geflohen waren – sie hat Krebs im Endstadium und leidet unsäglich ohne ihre Medikamente. Und selbst ihre beiden behinderten Kinder, die immer bei mir im Kloster waren, wurden deportiert. Ich frage mich, ob diese Dschihadisten überhaupt wissen, was ein Gewissen ist. Haben sie nicht selbst einen Vater oder eine Mutter, Geschwister oder Großeltern? Wie können sie ganze Familien aus ihren Häusern reißen, ohne auch nur das kleinste bisschen Schuld zu empfinden? Wie können sie es zulassen, dass Um Issam so leiden muss, ohne den Versuch zu unternehmen, ihre Beschwerden

Kapitel 5 Palmyra, Syrien · August 2015

zu lindern? Und dieser 10-jährige Junge mit dem entzündeten Auge, was tun sie, um ihm zu helfen? Sind sie denn Monster? Ja, sie sind grausame Bestien, die meine Schäfchen gefangen halten, es ist nicht zu ertragen! Doch ich möchte nicht, dass sie meine Verzweiflung bemerken, ich bin der Schäfer dieser verlorenen Herde und im Moment jubeln meine Schafe, weil sie mich wiederhaben. Darum bemühe ich mich, mir meine Trauer und meine Wut nicht anmerken zu lassen, und versuche, auch etwas Freude zu empfinden.

Wir sprechen sofort drauflos. Mtanos berichtet mir, wie die Dschihadisten Qaryatein am Abend des 3. August 2015 in ihre Gewalt gebracht haben, also zwei Monate nach meiner Entführung. Früh am Morgen schon hatten sich viele christliche, aber auch muslimische Familien zusammengeschlossen, um aus der Stadt zu fliehen, in Panik vor der wachsenden Anzahl an Männern, die wie Dschihadisten gekleidet waren und wegen der vielen Ns – für *Nassara* –, die während der Nacht an die Haustüren der Christen geschmiert worden waren.

Am Abend desselben Tages schickten die Dschihadisten mit Sprengstoff beladene Lastwagen zu den Kontrollposten der syrischen Armee. Dabei wurden siebzig junge Soldaten getötet. Unter ihnen befand sich auch ein junger Christ, den ich gut gekannt hatte. Erst zehn Tage davor hatte er geheiratet. Einige Stunden vor diesem Gemetzel, waren gut dreißig Militärgeländewagen in die Stadt gefahren. Oben thronten bis an die Zähne bewaffnete Dschihadisten, aufgeregt wie kleine Kinder, die in die Stadt einmarschieren konnten, ohne dass sich ihnen jeglicher Widerstand bot. Am Tag nach der Eroberung von Quaryatein wurden alle Christen – all diejenigen, die sich der drohenden Gefahr nicht bewusst gewesen oder durch die Arbeit auf dem Feld oder einen kranken Angehörigen zurückgehalten worden waren – in einem Haus zusammengepfercht, dem von Ali, einem meiner Entführer, bevor

Kapitel 5 *Palmyra, Syrien · August 2015*

sie noch am selben Abend auf einem Lastwagen nach Palmyra in ein Internierungslager gebracht wurden, das zuvor als Depot für schwere Waffen gedient hatte. Kaum angekommen, hatte man ihnen befohlen, zum Islam zu konvertieren. Als sie sich weigerten, hatten die Dschihadisten nichts Besseres zu tun, als ihnen Videos zu zeigen, in denen zu sehen ist, wie 21 christlichen Kopten am Strand von Libyen die Kehle durchgeschnitten wird und noch weitere Aufzeichnungen von anderen Enthauptungen. Sie zwangen alle, selbst die Kinder – meine kleinen Engel aus dem Katechismusunterricht oder aus der Musikschule! – sich diese Aufnahmen bis zum Schluss anzusehen. Was für ein Wahnsinn, unschuldige Menschen so zu quälen! Aber meine Gemeindemitglieder haben den Bedrohungen standgehalten und sich geweigert, ihrem Glauben abzuschwören. Dennoch waren sie vorsichtig genug, nicht auf die Fragen der Dschihadisten zu antworten, die sie wieder und wieder zur Divinität Jesus oder der Dreieinigkeit befragten. Ihnen war genauso klar wie mir, dass man ihnen ihre Antworten als Blasphemie auslegen könnte, und so war es besser zu schweigen.

„Wie soll man ihnen die Dreieinigkeit begreiflich machen? Wie kann man ihnen erklären, dass Jesus Gottes Sohn ist?" Jetzt wo ich bei ihnen war, bestürmen mich meine Gemeindemitglieder mit Fragen. Sie hatten ihren Glauben nicht verleugnet, doch angestoßen von den Fragen der Islamisten, wollen sie es selbst besser verstehen, um es bezeugen zu können.

In den ersten Tagen unserer gemeinsamen Gefangenschaft verbringe ich zahlreiche Stunden damit, sie im Katechismus zu unterweisen, um diesen oder jenen Punkt unseres Glaubens zu vertiefen! Bis hin zu einem sehr ernsten Gespräch am Rande einer Unterhaltung, das losgetreten wurde durch einen der Dschihadisten, der unnachgiebig und unter Androhung der Enthauptung unsere Konversion fordert. Ich spreche zu ihnen wie ein Vater, der seinen Kindern Ratschläge mit auf den Weg gibt: „Wir müssen realistisch sein. Wenn wir uns nicht zum Islam bekennen, werden sie uns sicher töten. Das ist nicht so schlimm, wir werden zwar ein bisschen leiden, aber danach kommen wir zu Jesus in den Himmel. Uns Unverheirateten stellt sich diese Frage nicht einmal, wir geben einfach unser Leben hin. Aber all diejenigen unter euch, die verheiratet sind, müssen auch an ihre Frauen und Kinder denken! Sie werden zu Sklaven gemacht! Ihr müsst nur ein paar Minuten leiden, aber sie müssen ihr ganzes Leben lang leiden!"

Sie hören mir schweigend zu, in Erwartung, dass ich fortfahre. Man kann ihnen die Frage vom Gesicht ablesen, die sie nicht zu fragen wagen: Darf man zum Schein konvertieren, wenn man so das Leben seiner Frau und seiner Kinder rettet? „Der christliche Orient ist eine Kirche der Märtyrer. Ich zweifle nicht eine Sekunde daran, dass ihr bereit seid, euer Leben für Jesus hinzugeben. Die Frage, die sich euch stellt, ist nicht die, ich weiß, dass ihr dazu bereit seid, als Märtyrer zu sterben. Eure Frage lautet, wie ihr das Leben eurer Frauen und Kinder retten könnt, die ein Recht auf ein Leben in Freiheit haben! Wenn wir uns abschlachten lassen wie Schafe, werden wir Märtyrer sein und ins Himmelreich eingehen. Aber sie sind diejenigen, die ihr ganzes Leben lang den Preis dafür zahlen müssen und es wird die Hölle sein. Sollte sich nicht die Liebe, das höchste Gebot, das Jesus uns gegeben hat, zuerst in dem Bemühen verkörpern, mit allen Mitteln zu versuchen, seine eigene Familie zu beschützen, und beinhaltet das nicht auch, die Schahāda zu zitieren, um den Schein zu erwecken, dass man zum Islam konvertiert ist?"

Unter den Gefangenen hier befinden neben den 89 Männern 110 Frauen und 52 Kinder. Ich ertrage den Gedanken nicht, dass sie versklavt werden könnten. Ich bin ihr Pater und diese Patenschaft ist noch viel stärker als jede theologische oder dogmatische Betrachtung. Wird Rom mich dafür verurteilen, dass ich ihnen diesen Rat gegeben habe? Ich bin mir sicher, dass Gott, der uns in

Liebe erschaffen hat, nicht will, dass wir aus einem so ungerechten Grund sterben und unsere Frauen und Kinder dafür die Hölle durchleben müssen. Also vermittle ich den Pfarreimitgliedern meine Vorstellung der Barmherzigkeit Gottes, indem ich ihnen den Rat gebe, das Leben ihrer mir so ans Herz gewachsenen Familien zu retten.

Hier und da unterbrechen uns die Kerkermeister bei unseren Gesprächen. Unsere Gefangenschaft ist geprägt von immer neuen psychologischen Foltermethoden. Sie versuchen, uns mit allen Mitteln der Kunst zu brechen. Einmal wecken sie uns mitten in der Nacht. Nur die Männer. Die Frauen wollen sie nicht sehen, deshalb haben die Dschihadisten einen großen Vorhang durch den Saal gespannt und die Frauen dürfen nicht dahinter hervorkommen[29]. „Geht raus", rufen sie und weisen dabei auf den Flur, der zu einem winzigen Innenhof führt, auf dem wir tagsüber unsere „Pausen" verbringen. In der großen Halle, in der wir gefangen gehalten werden, ist es dunkel und feucht, deshalb bringen uns unsere Wächter ab und zu in den Hof, damit wir etwas Sonne abbekommen und unsere Kleider trocknen können. Aber warum wollen sie uns jetzt mitten in der Nacht rausholen? Bestimmt, um uns zu töten! „Stellt euch vor die Mauer", befehlen sie uns, als wir auf dem Hof stehen. Wir starren uns entsetzt an. Bedrücktes Schweigen legt sich auf den Hof, man kann den Hauch des Todes spüren. Die Minuten verstreichen. Wir stehen immer noch mit dem Rücken zur Wand da, ohne uns zu bewegen, die Dschihadisten vor uns. Eine Viertelstunde später hören wir Schritte auf dem Flur: die Frauen und Kinder kommen dazu! Wir verstehen gar

---

29 Zu Beginn der Gefangenschaft in Palmyra hielt man die Männer an einem Ort gefangen, die Frauen an einem anderen. Doch der Emir, der uns zu ihnen gebracht hatte, der, dem die Tränen gekommen waren, als er sah, wie ich von den Pfarrmitgliedern aus Qaryatein begrüßt wurde, hatte verlangt, dass alle Christen in einen Raum gesperrt wurden, der nur durch ein Tuch getrennt war und begründete dies mit den Worten: „Bei den Christen werden Frauen und Männer nicht voneinander getrennt!"

Kapitel 5 Palmyra, Syrien · August 2015

nichts. Was soll der Unfug? Wollen sie uns so noch weiter demoralisieren? Oder alle gemeinsam hinrichten? Ich kann spüren, wie mich erneut schwere Müdigkeit befällt, die sich mit Angst und Wut vermischt. Aber der Himmel, an dem die Sterne tanzen, als wollten sie mich an die traumhaften Nächte in Mar Musa erinnern, spricht mir Trost zu. Es ist das erste Mal seit drei Monaten, dass ich den Sternenhimmel sehe. Dreißig lange Minuten stehen wir dort, erforschen die Milchstraße, die in dieser Augustnacht besonders klar ist, dann gehen wir wieder zurück ins Lager. Die Stunde unseres Todes ist doch noch nicht gekommen ...

Doch die Dschihadisten finden immer neue Wege, um uns zu provozieren. An einem Abend gegen 23 Uhr kommen fünf von ihnen zu mir. Augenblicklich ist mein Hals wie zugeschnürt. Ist das die Angst? Ich glaube nicht. Eher extreme Erschöpfung. Ich vermute, dass mir eine neuerliche Sitzung mit Drohungen, Beschimpfungen und Folter bevorsteht, und schon vom Gedanken daran bin ich zu Tode erschöpft. Ich merke, dass ich dieses Mal keine Kraft mehr habe. Ich bin schon am Ende, bevor sie auch nur mit mir geredet haben. Derjenige, der der Chef zu sein scheint, fragt mich: „Was hast du alles in deinem Zimmer im Kloster?" Ich blicke ihm mit leerem Blick in die Augen. „Nichts." Sie packen mich und bringen mich zu einem teuren Geländewagen, dabei habe ich Augen verbunden und bin an den Händen gefesselt, wie immer, wenn sie uns woanders hinbringen. Als Boutros fragt, was sie mit mir vorhaben, antworten sie ihm: „Wir schneiden ihm die Kehle durch!"

Der Weg geht in eine asphaltierte Straße über. Im Wagen herrscht Schweigen, lediglich unterbrochen von den Koranversen, die der Tschetschene neben mir mit seiner wunderbaren Stimme rezitiert. Seine Stimme ist zwar schön, doch seine Worte sind grauenvoll, und als sollten sie eine Ankündigung sein, auf das, was gleich geschieht, handeln alle zitierten Verse davon, die Gotteslästerer zu töten. Seine Worte verwandeln meine Erschöpfung in Furcht: Mein Ende ist nah! Von der Angst übermannt, beginne ich den Rosenkranz zu beten, ganz langsam, als wünschte ich mir, er möge niemals enden, und plötzlich überkommt mich wieder diese geheimnisvolle Ruhe und besänftigt meine Angst.

Als der Wagen nach mehreren Stunden Autofahrt endlich hält, führen mich meine „Leibwächter" in ein Haus und nehmen mir die Augenbinde ab, die verhindert hat, dass ich etwas sehen konnte. Ungläubig zwinkere ich mehrmals mit den Augen, um sicher zu gehen, dass dies nicht nur ein schlechter Traum ist: ich bin wirklich und wahrhaftig in meinem Zimmer in Mar Elian! Doch mir bleibt gar keine Zeit, um es wirklich zu begreifen.

„Was ist in dieser Kiste?", fragt mich der Chef der Bande barsch und zeigt auf eine Art Truhe, in der ich wichtige Dinge und Dokumente und ein bisschen Bargeld aufbewahrt hatte.

„Nichts."

„Was meinst du mit nichts?"

„Nichts, sie ist leer."

„Und davor, was war da drin?"

„Syrische Lira, privates Zeug, einige Papiere und ein paar Dollar."

„Mach sie auf!"

„Ich habe keinen Schlüssel."

„Wo ist er?"

„Ich weiß es nicht. Bevor deine Freunde mich entführt haben, habe ich jemanden gebeten, alles mitzunehmen, falls mir etwas zustößt. Ich gehe davon aus, dass sie das gemacht hat."

„Okay, dann öffnen wir sie eben auf unsere Art! Verbindet ihm die Augen."

Eine noch größere Furcht macht sich in mir breit. Ich habe zwar gesagt, dass die Kiste leer ist, doch in Wirklichkeit habe ich keine Ahnung. Ich hoffe nur, dass Marie-Rose alles mitgenommen hat, was sich darin befand. Sonst glauben sie noch, dass ich sie angelogen habe und dann wollen sie mich töten. Andererseits, weshalb haben sie mich überhaupt hierhin gebracht, wenn nicht, um mich umzubringen? Wieder mit verbundenen Augen warte ich auf den Kugelhagel, der das Schloss der Kiste sprengen soll. Aber nichts geschieht. Ich kann hören, wie sie hin und her laufen. Dann begreife ich, dass wir wieder gehen. Ich versuche erst gar nicht, ihr Affentheater zu verstehen. Bevor wir mein Zimmer verlassen, wage ich es zu fragen: „Darf ich ein paar Klamotten mitnehmen? Seit mehr als drei Monaten trage ich dieselben Sachen." Der Chef antwortet lachend: „Nimm dir, so viel du willst." Was hat das nun wieder zu bedeuten? Macht er sich über mich lustig? In einer Situation wie dieser klammert man sich an jedes noch so kleine Wort und an jede kleine Geste, um herauszufinden, was in den nächsten Minuten geschehen wird, ob man einer Person vertrauen kann oder sie mit einem spielt. Und ich muss erst recht jedes Wort genau abwägen, um sicherzugehen, dass sie es nicht gegen mich verwenden können. Diese permanente Anspannung macht mich ganz fertig.

Die Stippvisite in meinem Zimmer hat nicht länger als zwei Minuten gedauert. Wir fahren nach Qaryatein. Wir kommen in ein Haus, wo man mir eine Aprikose anbietet. Der Muezzin ruft zum Gebet auf. Nachdem der Dschihadist ein paar Minuten gebetet hat, dreht er sich plötzlich um und fängt an, mich zu beschimpfen. Wie kann er nur so schnell vom Gebet zum Beleidigen übergehen? Er fragt mich weiter aus:

„Was hast du auf deinem Computer gespeichert?"

„Jede Menge Dokumente."

„Und was haben diese ganzen Fotos von den Mädchen zu bedeuten?"

„Das sind alles Fotos von Kindern, die zu unseren Freizeitaktivitäten oder zum Sommerferienlager im Kloster oder im Gemeindehaus waren. Es kommen immer Mädchen und Jungen, das war's."

Kapitel 5 — Palmyra, Syrien · August 2015

„Nein, ich meine die Pornofotos!"
„Was? Das kann nicht sein, solche Bilder gibt es nicht auf meinem Computer."
Schweigen. Neustart.
„Warum bist du nicht verheiratet?"
„Weil ich mich dazu entschieden habe, dem Beispiel meines Herrn zu folgen, Jesus, den ihr Aïssa nennt."
Bei der bloßen Erwähnung des Namens Jesu beginnt der Tschetschene wieder, mich zu beleidigen. Wir fahren im Auto durch die Stadt. Die Diskussion geht weiter. Oder genauer gesagt der Monolog. Sie bombardieren mich mit Fragen.
„Warum bewahrst du Wein im Kloster auf?"
„Weil ich ihn brauche, um die Heilige Messe zu feiern, also..."
„Sei still! ... Und was macht ihr in der Messe?"
„Wir beten, wir singen zu Gottes Ehren, wir ..."
„Halt doch den Mund!"
Jedes Mal, wenn ich antworten will, schnauzen sie mich an, dass ich den Mund halten soll. Brutal beschuldigen sie mich aller möglichen Sünden. Sie versuchen, mich dazu zu bringen, etwas gegen ihren Glauben, ihre Glaubensgrundsätze oder die Scharia zu sagen, als suchten sie noch nach einem Grund, mich zu töten. Sie werden immer aggressiver. Trotzdem fühle ich mich mit jeder Minute stärker. Langsam schwindet meine Angst und ich gewinne an Sicherheit: Ich spüre, dass der Heilige Geist mir die richtigen Antworten einflößt. Mir kommt ein Vers aus dem Evangelium ins Gedächtnis: *„Wenn sie euch nun überantworten werden, so sorgt nicht, wie oder was ihr reden sollt; denn es wird euch zu der Stunde gegeben werden, was ihr reden sollt. Denn nicht ihr seid es, die da reden, sondern eures Vaters Geist ist es, der durch euch redet"* (Mt 10:19–20).
Plötzlich höre ich, wie einer der Befehlshaber der Dschihadisten sagt: „Bevor ich hierher kam, um zu kämpfen, war ich in Kuwait.

Kapitel 5 — Palmyra, Syrien · August 2015

Dort habe ich Diskussionen mit koptischen Priestern im Internet organisiert. Sie sind sehr gut darin, ihr Christentum zu verkaufen! Es gibt sogar Fernsehsendungen, in denen sie den Islam kritisieren!" Dann redet er über mich: „Wie ich mich darauf freue, ihn zu töten, um mich an ihnen zu rächen!" Sein Nachbar unterbricht ihn und wendet sich wieder mir zu: „Wir haben Waffen in den Häusern deiner Gemeindemitglieder gefunden"

„Nein, das ist unmöglich."

„Wir haben sogar Waffen im Kloster gesehen!"

„Im Kloster? Nein, das ist unmöglich, was ihr da sagt!"

Ich weiß, dass es gelogen ist. Wieder dieselbe Taktik, um mich unter Druck zu setzen und mich zu brechen.

„Und in deinem Zimmer? Da haben wir sogar einen Raketenwerfer gefunden!"

„Was? Ich habe noch nie Waffen besessen, ich bin gegen Waffen, war ich schon immer … Ah, aber ich glaube, ich weiß, wovon du sprichst. Das ist kein Raketenwerfer, sondern ein Teleskop!"

In meinem Zimmer stand wirklich eins, auf einem Dreifuß. Zusammen mit den Jugendlichen aus der Gemeinde haben wir ganze Nächte damit zugebracht, die Sterne anzuschauen, an derem hellen Schein wir uns nie sattsehen konnten. Sichtlich erbost, kam der Mann wieder auf den ersten Punkt zu sprechen: „Und die Waffen deiner Pfarrmitglieder?"

„Ich schwöre dir, dass keiner meiner Gemeindemitglieder jemals eine Waffe getragen hat und auch nie eine zu Hause gehabt hat."

„Wie kannst du dir da so sicher sein?"

„Ich kenne meine Gemeindemitglieder ganz genau."

„Aber du weißt nicht, was sie in ihren Häusern haben und …"

„Doch, das weiß ich!", schneide ich ihm scharf das Wort ab. Der Militärkommandant verzieht ärgerlich das Gesicht. Mein selbstsicherer, fast autoritärer Ton scheint ihn zu reizen. Aber ich bin noch viel wütender als er. Ich ertrage diese grotesken Gespräche nicht mehr, mit denen sie mich fertigmachen wollen. Und das ist genau das, was hier läuft. Er dreht sich zu seinen Männern und sagt: „Geht in die Häuser aller Christen und überprüft, was er sagt." Da bin ich mir sicher, dass das jetzt das Ende ist. Sie werden Waffen in die Häuser schleusen, nur um mich der Lüge bezichtigen zu können! Der *Walī* blickt mich herausfordernd an und sagt: „Wenn wir auch nur die kleinste Waffe in einem der Christen-Häuser finden, töte ich dich vor den Augen deiner ganzen Kirchengemeinde."

„Einverstanden."

Das Gespräch ist beendet. Ich bin es leid, ihr Spielzeug zu sein. Sie behandeln mich wie einen Hampelmann und mir ist schon ganz schlecht davon. Sie treiben mich an den Rand der Erschöpfung, sie bringen mich zur Verzweiflung, sie bedrängen mich mit Fragen und Unterstellungen und behaupten, dass ich lüge. Seit Beginn des syrischen Bürgerkriegs bin ich einer der wenigen Verantwortlichen von Qaryatein, der immer wieder gesagt hat, dass Waffen und Gewalt zu nichts anderem führen als zu Mord und Zerstörung. Diese Gewaltlosigkeit ist nicht den Umständen geschuldet, sondern definiert den Orden von Mar Musa und unser Verständnis als Christen.

***

Als 2011 der syrische Bürgerkrieg begann – im Zuge des Arabischen Frühlings, der die Karten in vielen arabischen Ländern neu gemischt hat – schlossen sich die meisten Bürger von Qaryatein nicht gleich den Demonstrationen an. Aber die Glut begann zu schwelen. Nur ein Blinder oder ein Ideologe konnte die religiöse Radikalisierungsbewegung noch verleugnen, die sich mit großen Schritten überall breit machte.

Als Reaktion auf die politische Führung ließen sich viele Syrer vom Einfluss der religiösen Autoritäten einnehmen, deren örtlicher Vertreter der Mufti war. Überall konnte man klare Anzeichen eines Wiederauflebens des islamischen Fanatismus erkennen, der ein Ausdruck höchster Unzufriedenheit war: vollverschleierte, ganz in Schwarz gekleidete Frauen, Männer mit langen Bärten und gekürzten Schnurrbärten, die den ganzen Tag ihre Gebetskleidung nicht ablegten, Kinder, die regelmäßig in die Koranschulen gingen, um den Koran auswendig zu lernen. Für viele Syrer war die Rückbesinnung auf diese strenge Auffassung des Islams eine Form, ihre Missbilligung gegenüber der Regierung zum Ausdruck zu bringen. Der Mufti für seinen Teil zögerte nicht, sich als wichtigste Person der Stadt zu profilieren, sobald sich ihm die Möglichkeit bot. Er stand immer in der ersten Reihe, wenn er in die Kirche oder zu einem offiziellen Treffen mit Regierungsvertretern ging. Zwar trat der Einfluss durch die Muslimbrüder immer deutlicher zutage, doch unterlag die Stadt weiterhin der traditionellen Gesellschaftsordnung der Bevölkerung von Qaryatein. Die Wüstenstadt bestand in erster Linie aus Beduinenfamilien, innerhalb derer der Scheich als Oberhaupt des Clans seine Rolle bewahrt hatte. So konnten die Ältesten ihre Einflussnahme bei Entscheidungen bewahren und verhinderten zunächst, dass sich die Gewalt auf die ganze Stadt ausdehnte. Der Mufti, gleichzeitig religiöser Führer und Scheich, war der letzte Garant für dieses empfindliche Gefüge. Trotz alledem hatte der Krieg schon an unsere Pforte geklopft: Die Stadt wurde von Vertriebenen überflutet, die vor den ersten Kämpfen in Damaskus und aus dem nahe gelegenen Homs flohen.

Eines Tages wurden zwei Brüder, zwei junge Muslime, vom *Muchabarat* aus Qaryatein inhaftiert und tagelang misshandelt, bevor man sie wieder freiließ. Gerade als einer der beiden das Gefängnistor passierte, traf ihn eine Kugel in den Kopf und er war auf der Stelle tot. Im folgenden Sommer riefen die Muslime aus Quaryatein daraufhin zu Demonstrationen mit dem Ruf nach

Vergeltung auf, die nach dem Abendgebet beim Verlassen der Moschee stattfanden.

In dieser angespannten Zeit, die schon die Unruhen des bevorstehenden Bürgerkriegs erahnen ließ, wachte ich darüber, dass Mar Elian ein Ort des Friedens blieb, an dem man Atem schöpfen, seine Wut oder seine Sorgen loswerden und beten konnte. Freitags nach dem Gebet kamen etliche Familien, um sich zu erholen, zu picknicken oder im Schatten der großen Bäume zu spielen. Die Christen aus der Stadt kamen oft zum Gottesdienst und zur täglichen Messe. Die von mir organisierten Vorträge zu religiösen, kulturellen oder geschichtlichen Themen, zu denen manchmal sogar Referenten aus Damaskus kamen, zogen sehr viele Leute an. Dort trafen viele verschiedene Überzeugungen aufeinander: Kommunisten, Muslimbrüder, katholische und orthodoxe Christen, alle nahmen sie mit großem Interesse teil. Das war die Möglichkeit für all diese Leute, sich in einem friedlichen Rahmen unter dem Blick von Mar Elian zu begegnen. Eine Oase in der Wüste, eine kleine Insel der Ruhe und Stille, ein Ort, der Raum gab für den Austausch zwischen Personen, die sich normalerweise misstrauen, mehr denn je war das Kloster zu einem Ort des Friedens, des Gebets und der Pilgerfahrt geworden, sowohl für die muslimische Mehrheit, die für Gottes Gegenwart in Mar Elian empfänglich war, als auch für die orthodoxen und katholischen Christen, die dankbar waren für die Unterstützung und Ermutigung in ihrem Leben als Christ inmitten der muslimischen Gesellschaft, die gerade ein brodelndes Pulverfass war.

Mir war klar, dass die Spannungen sich verhärten würden und so war ich bemüht, die guten Beziehungen zu allen Gesellschaftsgruppen von Qaryatein zu wahren, auch zu den Regierungsvertretern und den Imamen und Muftis. Unter deren Einfluss wurden die ersten Demonstrationen organisiert. Die Organisatoren kamen zu mir und beklagten sich: „Warum solidarisiert ihr Christen euch nicht mit uns?" Ich befand mich in einer schwierigen Lage: Ich wusste, wie gefährlich es war, sich als Minderheit zu positionieren. Wir waren ein leichtes Ziel. Zudem hatten sie uns nicht dazu eingeladen, uns ihrer Bewegung anzuschließen, und außerdem hatte ein nach dem Abendgebet losziehender Zug eine starke islamische Konnotation, bei dem die Christen nichts zu suchen hatten, erinnerte ich sie mit ehrlichen und wohlüberlegten Worten. Ich konnte meine Gemeinde wohl kaum dazu aufrufen, sich an Demonstrationen zu beteiligen, die zur Gewalt aufriefen und Beschimpfungen und Koranverse wie politische Parolen in die Welt schrien.

In den ersten Tagen der *Adha*[30]-Ferien hatte ich eine Ferienaktion für die Kinder im Gemeindehaus organisiert. Am helllichten Tage hörte ich zwei Schüsse. Zwei Jugendliche hatten gerade einen Agenten des *Muchabarat* ermordet. Sofort kippte die Stimmung in Qaryatein und schlug um in den bewaffneten Kampf. An allen Enden der Stadt waren Maschinengewehrsalven zu hören. Woher kamen diese ganzen Waffen? Aus Häusern von Regierungsgegnern, Moscheen, Versammlungslokalen. Alles war minutiös vorbereitet worden. Inmitten der Schüsse war ich mit allen Kindern im Gemeindehaus gefangen. Was würde mit uns geschehen? Ich versammelte alle Kinder im großen Saal des Hauptgebäudes und brachte sie dazu, zu singen, zu spielen, zu schreien und dabei im ganzen Raum herumzurennen. Ich wollte den Lärm der Kalaschnikows übertönen. Gegen Ende des Nachmittags beschloss ich, die Messe zu zelebrieren. Als sie begann, herrschte plötzlich eine große Stille in der ganzen Stadt. Das Geratter der Maschinengewehre, das am Mittag begonnen hatte, war endlich verstummt. Es war 18 Uhr. Nachdem ich dem Herrn dafür gedankt hatte, dass der Sturm sich gelegt hatte, fragte ich meine Nachbarn, die Muslime,

---

30 Īdu l-Aḍḥā, auch Eid ul-Adha, ist das Islamische Opferfest. Beim Opferfest wird Abraham gedacht, der bereit war, seinen eignen Sohn zu opfern, um Gott zu gehorchen.

ob ich rausgehen und die Kinder nach Hause bringen könnte. Draußen konnte ich sehen, dass die Rebellen den Kampf gewonnen hatten. Bewaffnete Männer, die nicht zur syrischen Armee gehörten, waren so gut wie überall postiert und ich konnte alle meine kleinen Gemeindekinder nach Hause begleiten. Danach ging ich zurück ins Kloster. Auf dem Rückweg kamen mir eine Menge Jugendlicher entgegen, die ihre Kalaschnikows schwenkten, als wären sie echte Soldaten. Viele von ihnen waren mir bekannt, wir waren uns im Kloster, auf der Straße oder auf dem Markt begegnet. Ich rief wütend: „Warum benutzt ihr die Waffen? Qaryatein werdet ihr so nicht befreien. Das einzige, was ihr erreicht, ist Blutvergießen!" Doch voller Stolz über ihren Sieg in diesem ersten Kampf hörten sie mir gar nicht zu.

Kurz darauf ging ich zu einem der Imame. Ich wusste, dass er die Bewaffnung der Bevölkerung guthieß. „Glaubt ihr wirklich, dass man das Böse mit Gewalt besiegen kann? Statt zu den Waffen zu greifen, sollten wir lieber Bäume pflanzen. Lasst uns die Wüste in eine Oase verwandeln und Schönheit um uns herum erschaffen. So können wir das Böse besiegen!" Dieses Bild nahm ich zum Anlass, um in ihm die jahrhundertealte Geschichte von Qaryatein wachzurufen und ebenso die neueren Entwicklungen in Mar Elian. Der Wiederaufbau des Klosters, das zu einem Ort des Friedens geworden war, hatte mit dem Pflanzen von Bäumen begonnen. Jeder in der Stadt wusste davon, hatte sie gesehen und die angenehme Kühle genossen, die ihr Schatten spendete. Die Antwort des Imams ließ mich jedoch erstarren: „Es gibt nichts, was die Waffen ersetzen könnte." Ich war fassungslos und hatte den Eindruck, dass es keine Hoffnung gab. Die Gewalt schien unvermeidlich zu sein.

Es kam, wie ich es vorausgesagt hatte, die Waffen zogen nur noch mehr Waffen nach sich, das Blutvergießen mehr Blutvergießen. Die Rachsucht bemächtigte sich der Kriegführenden, die Gewalt nahm von Tag zu Tag zu, die Attentate und andere Terrorakte nahmen immer mehr Überhand. Qaryatein wurde von seiner eigenen Regierung bombardiert! Die Familien strömten ins Kloster. Wir mussten Wege finden, um genug Nahrungsmittel, Decken und Trinkwasser zu beschaffen – die Trinkwasserversorgung und das Stromversorgungsnetz waren abgeschaltet worden. Man brauchte drei Stunden, um das Essen zu verteilen. Am Anfang gaben wir noch zweimal pro Tag Essen aus, morgens und abends, doch aus Mangel an Nahrungsmitteln gab es bald nur noch einmal am Tag etwas. Die Menschen waren überall verteilt: in der Kirche, im Gemeindesaal, auf allen Zimmern. Zwischen den Bäumen – damit sie man sie vom Flugzeug aus nicht sehen konnte – stellten wir sogar Zelte auf.

Als sie einmal ihre Bomben in direkter Nähe zum Kloster abwarfen, hatte ich wirklich Angst. Ich nahm Kontakt auf zum Ortsführer, um ihm einzuhämmern, dass alle Flüchtlinge im Kloster Zivilpersonen waren: Frauen, Alte, Kinder, die keine Waffen besaßen. Innerhalb der Klostermauern waren Waffen verboten. Von diesem Tag an wurde ich von diesem Mann als Mittler benutzt zwischen ihm, dem *Muchabarat*, dem Mufti und der sogenannten Freien Armee, die aus jungen Männern bestand, die sich militärisch gegen die Regierung stellten. Immer öfter sah man auch schwere Kämpfer der al-Nusra-Front aus der Türkei oder Jordanien. Inmitten all dieser Männer, die den Weg der Gewalt gewählt hatten, war ich der einzige unbewaffnete Mann und alle nutzten mich, um miteinander zu kommunizieren. Mit dem Ziel, möglichst viel Blutvergießen zu vermeiden, hing ich von morgens bis abends am Telefon. Eines Tages flehte ich den syrischen Armeechef an, die Bombardierungen zu beenden und er willigte unter einer Bedingung ein: „Sorg dafür, dass alle ausländischen Kämpfer und die bewaffneten jugendlichen Rebellen aus der Stadt verschwinden." Am folgenden Abend berief ich eine Versammlung zwischen dem Kommandeur der Freien Syrischen Armee, dem Mufti und den Repräsentanten der al-Nusra-Front ein: niemand widersetzte sich. Nach einem gewalttätigen Zusammenstoß zweier gegnerischer Gruppen, verließen die 900 jungen Männer der Freien Syrischen Armee um Mitternacht endlich Qaryatein. Am nächsten Morgen verlangte der Oberst der syrischen Streitkräfte, dass ich in Begleitung des Muftis und des Chefs des Muchabarat erscheinen sollte, um zu bezeugen, dass sich wirklich keine bewaffneten Männer mehr in der Stadt befanden. Ich ging niedergeschlagen, traurig und wütend durch die verwüsteten Straßen von Qaryatein. Keine einzige Waffe war mehr zu sehen. Alle Kämpfer waren geflohen, genau wie der Rest der Bevölkerung. Die syrischen Streitkräfte marschierten mit großem Tamtam in die Stadt ein und fuhren mit ihren Panzern bis vor die Tore des Klosters, in dem sich die entsetzten Flüchtlinge zusammendrängten. Obwohl ich innerlich kochte vor Wut, richtete ich ein paar Willkommensworte an sie und lud den Chef des Militärs und die hochrangigen Offiziere dazu ein, gemeinsam mit mir am Grab von Mar Elian zu beten. Endlich war der Lärm der Waffen verstummt, die Wüste hatte ihre Stille zurückerlangt und in ihr erklangen nur die Worte unseres Gebets.

Die Flüchtlinge im Kloster hatten Angst, doch nach und nach machten sie sich auf, um zurück in ihre Häuser zu gehen. Sie hatten Vertrauen zu mir und baten mich, ihnen dabei zu helfen, die gestohlenen Herden, die besetzten Häuser und die entführten Brüder zurückzubekommen. Im Krieg schrecken die Menschen vor nichts zurück. Sie sind zu allem bereit, um ihr Überleben zu sichern. Ich habe Dinge erlebt, die so schrecklich waren, dass ich sie nicht einmal in Worte fassen kann. Mehr schlecht als recht kam das Leben nach Qaryatein zurück.

Kurze Zeit später wurden viele Städte von der al-Nusra-Front eingenommen. Unter ihnen waren auch Sadad und Al-Hafar, die einen großen Bevölkerungsanteil an Christen hatten. Ich war entsetzt aufgrund der vielen abscheulichen Gräueltaten, die Al-Qaida in Syrien schon begangen hatte, und hatte panische Angst davor, dass sie in diesen beiden christlichen Städten brutale Massaker anrichten oder die Bevölkerung in ihren eigenen Häusern einschließen würden. Die Städte Mahin und Hawarin waren ebenfalls den Dschihadisten in die Hände gefallen: Tausende von Einwohnern waren geflohen und zu uns gekommen. Zwischen 2011 und 2015 war die Einwohnerzahl von Qaryatein von 30.000 auf 55.000 gestiegen. Einmal kamen an einem einzigen Tag 350 Flüchtlinge nach Mar Elian, alles Muslime. Sofort kamen die Bewohner von Qaryatein mit großen Töpfen voller Reis zum Kloster hinauf, um den neuen Ankömmlingen etwas zu essen zu bringen. Ich nutzte die Gelegenheit, um sie kennenzulernen, und ging zu einem alten Mann, um ihn zu fragen, ob alles in Ordnung sei. „Al-hamdulillah", antwortet er mir. „Gott sei Dank!"

Als ich ihm ein wenig Trost spenden will, ist er es, der mich tröstet, mit seiner Antwort voller Gottvertrauen. Er hat gerade alles verloren, seinen Sohn, sein Haus, sein Auto. Es stimmt mich unendlich traurig, all diese Familien zu sehen, die auf der Straße gelandet sind, ohne Essen und Kleidung. Noch dazu haben alle „humanitären" Hilfsorganisationen wie „Der rote Halbmond" oder der „Hohe Flüchtlingskommissar der Vereinten Nationen (UNHCR)" zu Beginn der ersten Spannungen die Flucht ergriffen. Die einzige lokale Organisation, die eine wirkliche Hilfe darstellte, war der „Jesuiten-Flüchtlingsdienst" (JRS), der eine Stelle in Homs hatte. Kurz vor Weihnachten hatte ich auch per E-Mail und über Facebook einen Hilferuf an meine Freunde in Europa gesendet, an alle, die in Mar Musa und Mar Elian gewesen waren und an Organisationen wie die AED, die Chapelle Italienne in Genf, Sarthe-Orient und sogar die Schwedische Kirche: Dank ihrer großzügigen Unterstützung konnten wir uns um all die Flüchtlinge kümmern.

Während des Sommers 2013 versuchte der *Muchabarat* mehrmals, junge Christen davon zu überzeugen, zu den Waffen zu greifen, um gegen die Rebellen zu kämpfen. Sie kamen daraufhin sofort zu mir, um mich um meinen Rat zu fragen. „Wollt ihr eure eigenen Nachbarn töten?", schleuderte ich ihnen wütend entgegen. „Ihr seid ohnehin viel zu wenige! In weniger als einer Stunde wärt ihr alle tot! Eure Waffen würden euch gar nichts nützen." Sie befolgten meinen Rat und weigerten sich, Waffen zu gebrauchen. Daraufhin kam sogar einer der Chefs des *Muchabarat* zu mir, um mich zu überzeugen. Zur Antwort bekam er ein unmissverständliches, definitives „Nein! Wir Christen tragen niemals Waffen!" Alle versuchten, uns in den bewaffneten Kampf zu zerren. Ob Revolutionäre oder der Muchabarat, Anhänger der Freien Armee oder der syrischen Streitkräfte, wir wiesen alle kategorisch ab.

Im März 2014, nachdem die Regierung die Gewalt über die Regionen Mahin und Hawarin zurückgewonnen hatte, wurden die Bewohner gezwungen, in ihre Häuser zurückzukehren. Aber draußen herrschte eine Eiseskälte. Wie konnte man von den Familien verlangen, dass sie unter diesen Bedingungen, mitsamt den Säuglingen und den Alten, zurückkehrten in diese Geisterstädte, in fast völlig zerstörte Häuser, ohne Wasser und Strom? Trotzdem kehrten die Familien nach drei Monaten in Mar Elian mutig in ihre Häuser zurück. Zehn Tage nach ihrer Rückkehr ging ich los, um sie zu besuchen, und fand sie in ihren ausgebrannten Häusern, die voller Ruß waren und nach Feuer stanken, wo sie direkt auf dem Boden schliefen. Beim Anblick eines Mädchens, das sich darüber freute, seine Puppe wiedergefunden zu haben, kamen mir die Tränen. Die Puppe war das einzige, was vom ganzen Haus dieser Familie übriggeblieben war. Bestürzt von diesem Trauerspiel fasste ich den Entschluss, ihnen beim Wiederaufbau zu helfen. Dabei bekam ich finanzielle Unterstützung des *Jesuiten-Flüchtlingsdiensts* und Œuvre d'Orient und die tatkräftige Hilfe von Jugendlichen aus der Gemeinde und Handwerkern aus Qaryatein. Auch in Qaryatein musste nach der Zerstörung durch die

Kapitel 5 *Palmyra, Syrien · August 2015*

Bombenangriffe alles wieder neu aufgebaut werden. Ein Jahr später hatten wir sechsundzwanzig Häuser in Qaryatein und neunzig in Mahin und Hawarin wieder aufgebaut. Darunter befanden sich die Häuser der Gemeindemitglieder genauso wie die unserer muslimischen Freunde. In Mahin gehörten alle wiederhergestellten Häuser muslimischen Familien. Für mich machte das keinen Unterschied, alle Menschen sind Kinder Gottes. Meine muslimischen Freunde hatten mit diesem Krieg nichts zu schaffen, sie waren genauso seine Opfer wie wir. Auch sie hatten sich geweigert, zu kämpfen. Wo andere zu den Waffen griffen, ergriffen sie die Flucht. Muslime und Christen flohen gemeinsam, ihre einzige Waffe war der Glaube an Gott.

***

Ich kann nicht mehr. Die ganze Rückfahrt über koche ich innerlich vor Wut. Am liebsten würde ich ausrasten, alles beenden, sterben. Ich kann nicht einmal mehr beten. Vorhin noch hat mir der Rosenkranz innere Ruhe gespendet und ich habe gespürt, wie der Heilige Geist mir eingegeben hat, was ich sagen soll. Jetzt fühle ich mich allein, entsetzlich allein. Mein Gott, hast du mich verlassen? Bei unserer Ankunft bin ich völlig erschöpft. Ich will mit niemandem sprechen. Ich möchte den Blicken der Gemeindemitglieder entkommen, die auf mich gerichtet sind, den Fragen, die auf mich prasseln. Und dabei sehen sie doch so glücklich aus, mich lebend wiederzusehen. Ich beachte nicht einmal Boutros, dem die Dschihadisten gesagt hatten, dass sie mir die Kehle durchschneiden wollen, als er mich weggehen sah. Ich gehe geradewegs zu meiner Matratze, lege mich hin und ziehe mir die Decke über den Kopf. Boutros geht zu mir, zieht mir die Decke sanft vom Kopf und fragt, was passiert ist. Ich reiße ihm unbeherrscht die Decken aus der Hand, damit er mich in Ruhe lässt. Dann drehe ich ihm den

Kapitel 5 — Palmyra, Syrien · August 2015

Rücken zu und schließe die Augen, am liebsten würde ich einschlafen und nie wieder aufwachen.

Ein paar Tage später kommt ein großer, extrem luxuriöser Range Rover ins Gefängnis, in dem wir gefangen gehalten werden. Fünf Emire steigen aus und gehen in eine kleine Halle. Man führt mich zu ihnen. Mit dem Blick zur Tür gerichtet setzen sie sich auf dem Boden. Ich trete ein und knie nieder. Der älteste unter ihnen, der mit einer sehr sanften Stimme, ergreift das Wort.

„Wir kommen aus Mossul, wir sind Vertreter des Kalifen al-Baghdadi, dem *Amir al-Mu'minin*[31], wir sind gekommen, um euch über die Entscheidung zu informieren, die über die Christen aus Qaryatein getroffen wurde. Bist du der größte von euch Christen hier?"

„Gott allein ist groß."

Der Emir hebt ein bedrucktes Schriftstück vom Boden auf. Auf der Rückseite kann ich eine Unterschrift und einen Stempel erkennen, wie sie auf offiziellen Dokumenten zu finden sind. Bevor er zu lesen beginnt, richtet er sich wieder an mich und erklärt mir: „*Amir al-Mu'minin* hatte vier Möglichkeiten. Die erste: die Männer töten und die Frauen und Kinder behalten. Die zweite: alle zu Sklaven machen. Die dritte: eure Freilassung gegen eine Lösegeldzahlung. Die vierte: das *Manna*. Verstehst du, was das bedeutet?" Im Arabischen steht Manna für den Akt des Gebens. In der Bibel bezeichnet das Wort das Brot – das Manna –, das vom Himmel kommt, um das Volk Israels auf ihrem Weg durch die Wüste zu nähren. Im neuen Testament benutzt Jesus denselben Ausdruck, um sich selbst als dieses „vom Himmel gekommene Brot" zu bezeichnen.

Ich bitte ihn darum, sich präziser auszudrücken. „Das soll heißen, dass *Amir al-Mu'minin* euch eurer Leben schenkt. Das ist die

---

31 Aus der muslimischen Tradition stammender Titel, der mit „Beherrscher der Gläubigen" übersetzt werden kann. Dieser Ausdruck bezieht sich sowohl auf Mohammed als auch auf alle seine Nachfolger.

Kapitel 5 Palmyra, Syrien · August 2015

Entscheidung, die er über die Christen aus Qaryatein gefällt hat." Ich traue meinen Ohren nicht. Träume ich? Oder ist das wieder eine ihrer psychischen Foltermethoden? Ich wage es nicht, ihn zu bitten, es nochmal zu wiederholen. Ja, ich habe richtig verstanden. Plötzlich überkommt mich eine unglaubliche Freude. Ich möchte vor Freude jubeln, singen, tanzen: Wir werden leben!

Während ich mich in Gedanken verliere, beginnt der Emir, vorzulesen, was auf dem Schriftstück steht. Nach einigen Koranversen über Jesus, steht dort etwas von Omar ibn al-Chattāb, einen Gefährten von Mohammed, der den Christen im von ihm eroberten Jerusalem bei Erfüllung bestimmter Bedingungen ihr Leben gelassen hatte. Der Emir liest sie vor: „Es dürfen keine Klöster, Kirchen oder Klausen gebaut werden, falls Gebetshäuser zerstört werden, dürfen sie nicht wieder aufgebaut werden. Einem Muslim, der nach Zuflucht verlangt, soll diese drei Nächte lang in einer Kirche gewährt werden und es muss ihm zu essen gegeben werden. Ihr sollt keine Drittpersonen in dieser Kirche beherbergen. Ihr sollt euch nicht öffentlich zu eurem Glauben zu bekennen. Es dürfen keine Muslime der Familie daran gehindert werden, ihren Gauben zu praktizieren, ihr sollt sie verehren und ihnen euren Platz geben. Ihr sollt euch nicht wie die Muslime kleiden und ihr sollt nicht ihre Namen tragen. Ihr sollt Pferde nicht mit einem Sattel reiten. Ihr sollt kein Schwert tragen. Ihr sollt keinen Alkohol verkaufen. Ihr sollt euer Kopfhaar rasieren. Ihr sollt nicht das Kreuz oder die Bibel vor den Muslimen zeigen. Ihr sollt keine Christen neben den Muslimen beerdigen. Schlagt die Glocken leise. Ihr sollt nicht laut beten in den Kirchen oder vor den Muslimen. Ihr sollt nicht mit Palmzweigen aus der Kirche gehen. Ihr sollt während einer Beerdigung nicht mit lauter Stimme beten. Ihr sollt keine Kerzen anzünden. Ihr sollt keine Sklaven kaufen ..."

Die Liste ist lang. Der Emir liest die gesamte Liste langsam und deutlich vor. Er endet mit dem Satz des Kalifen: „Wenn sie die

Bedingungen nicht akzeptieren, werden sie nicht als Schützlinge anerkannt." Er hebt den Kopf.

„Hast du alles verstanden?"

„Ja ... Darf ich es nochmal lesen?"

Er reicht mir das Papier. Ich überfliege das Blatt bis zum Schluss und muss dabei an Bischof Sophronius denken, der 637 in Jerusalem diese Bedingungen akzeptieren musste, um so das Leben aller Christen der Stadt zu retten.

„In Ordnung, ich habe alles verstanden."

„Dann musst du noch wissen, dass die Häuser der Christen aus Qaryatein, die Kirche und das Kloster von nun an im Besitz des Islamischen Staats sind."

„Warum?"

„Weil ihr keinen Pakt mit uns eingegangen seid, als wir die Stadt eingenommen haben. Deshalb gehört alles, was bisher den Christen gehörte, von nun an uns. Aber wir haben entschieden, es euch zu leihen. Es gehört uns, aber wir stellen es euch zur Verfügung. Ihr dürft wieder in euren Häusern wohnen."

„Aber wir konnten gar keinen Pakt mit euch eingehen! Wir wussten nicht einmal, dass es so ein Gesetz bei euch gibt, damit man seinen Besitz bewahren kann!"

„Das kennt ihr doch aus Raqqa. Ihr habt doch gesehen, was dort mit den Christen passiert ist!"

„Aber ich habe gar keinen Kontakt zu den Christen in Raqqa! Und außerdem war ich schon als Geisel in Raqqa, als ihr nach Qaryatein gekommen seid. Aber ich bin der Repräsentant der Christen. Wenn ihr einen Pakt geschlossen hättet, dann mit mir. Aber wie, wenn ich da doch schon in Geiselhaft war?"

„Du bist doch der Chef der *kouffar*. Warum konvertierst du nicht zum Islam?"

„Ich habe dreieinhalb Monate in eurem Gefängnis in Raqqa verbracht und jeden Tag kam dort jemand, um mich zu fragen, ob ich zum Islam konvertieren möchte. Wenn ich das gewollt hätte, so hätte ich es schon längst gemacht."

Mich nervt dieser systematische Aufruf, zum Islam zu konvertieren. Ich antworte abweisend, aber eine leise Stimme in mir, rät mir, zu schweigen. Nicht, dass der Emir noch seine Meinung ändert. Sollte ich mich nicht lieber darüber freuen, dass mein Leben gerettet war? Dass wir nach Hause zurückkehren würden? In diesem Moment fallen mir die Assyrer ein, die schon seit acht Monaten in Gefangenschaft waren[32]. Man hat nichts mehr von ihnen gehört. Ob unsere Gefangenschaft verlängert wird, wenn ich zu beharrlich bin? Wo ich schon dachte, dass wir noch monatelang in dieser verdammten Kaserne sitzen würden … Ich wage es, eine letzte Frage zu stellen: „Warum hat *Amir al-Mu'minin* so für uns entschieden?

„Weil ihr Christen aus Qaryatein keine Waffen gegen uns Muslimen erhoben habt!"

Als ich höre, dass das der Grund ist, warum der Kalif al-Baghdadi uns am Leben lässt, bin ich überwältigt. Das heißt, dass das, was uns heute das Leben rettet, ist, dass wir treu nach dem Evangelium gehandelt haben, bis zu dem Punkt, dass wir nicht zu den Waffen gegriffen haben! Mir fällt die Gefangennahme von Jesus ein. Petrus zieht sein Schwert, aber Jesus spricht zu ihm, er solle es wieder in die Schwertscheide stecken: *„Stecke dein Schwert an seinen Ort! Denn wer das Schwert nimmt, der wird durchs Schwert umkommen"* (Mt 26:52). Er heilte sogar den verletzten Soldaten. Unschuldig lässt sich der Christ bis zum Kreuz führen, obwohl er Legionen von Engeln hätte, die ihn verteidigen könnten. Auf diese Weise durchbricht er den Teufelskreis der Gewalt. Wir haben

---

32 Im Februar 2015 hatte der Islamische Staat innerhalb weniger Tage zweihundert Assyrer in verschiedenen Städten des Gouvernements Al-Hasaka im Nordosten von Syrien entführt. Nach einem Jahr konnten sie befreit werden, nachdem im Vorfeld eine hohe Lösegeldsumme gezahlt worden war.

versucht, dem Beispiel Jesu zu folgen und machen nun ebenfalls die Erfahrung, wie der Gewalt der Wind aus den Segeln genommen wird. Indem wir die Gewalt kategorisch ablehnten, haben wir diese Männer entwaffnet, die nichts als Gewalt propagieren. Zusammen mit meiner ganzen Gemeinde bin ich ein Gefangener der Terrormiliz Islamischer Staat, die auf der ganzen Welt für die schlimmsten Verbrechen bekannt ist, sie könnten Unsummen an Lösegeld für uns fordern. Aber unsere Entscheidung für die Gewaltlosigkeit verhindert dies. Ob uns unser Engagement beim Wiederaufbau der zerstörten Häuser in Qaryatein, Mahin und Hawarin wohl auch zu unseren Gunsten ausgelegt wurde?

Eine letzte Frage des Emirs reißt mich aus meinen Gedanken.

„Wie viele Männer sind bei dir?"

„Neunundachtzig."

Der vor dem Eingang geparkte Range Rover verfügt über einen Computer und einen Drucker, auf dem einer der Kämpfer gerade die erforderliche Anzahl an Kopien ausdruckt, auf denen die von Omar ibn al-Chattāb diktierten Bedingungen vertraglich fixiert und mit dem Namen von jedem einzelnen der anwesenden Christen versehen sind. Einer nach dem anderen werden alle Männer hereingerufen, um die Namen ihrer Söhne anzugeben – Frauen und Mädchen werden von den Dschihadisten nicht als Personen betrachtet – und um das Dokument zu unterschreiben.

Qaryatein, Syrien
September 2015

Am Tag unserer Abreise rasieren uns die Dschihadisten Kopfhaar und Bärte ab. Da sie selbst lange Bärte tragen, ist das eine Form, uns von den Muslimen zu unterscheiden, wenn wir wieder zu Hause sind. Um uns noch ein letztes Mal zu provozieren, betritt ein Kerkermeister mit orangen Overalls über dem Arm die Halle, in der Art wie sie sie den Gefangenen vor der Hinrichtung anziehen. Panik bricht aus, die Frauen sind entsetzt. Ich versuche, sie zu beruhigen, indem ich ihnen versichere, dass wir nach Qaryatein zurückkehren werden. Als nächstes ist ein irakischer Scheich an der Reihe, uns zu besuchen. Anderthalb Stunden lang erklärt er uns, warum der Islam die wahre Religion ist. Zwischen den Zeilen heißt das, dass wir unser Leben aufs Spiel setzen, wenn wir nicht zum Islam konvertieren. Ein letzter Versuch. Ich koche innerlich: Haben sie uns nicht gerade unsere Freiheit geschenkt? Schließlich verkündet der Scheich allen Gefangenen, dass sie nach Hause zurückkehren dürfen.

Heute ist der 1. September 2015. Es ist 19 Uhr. Sie verladen uns auf Viehtransportwagen und wir fahren durch die Wüste. Gegen Mitternacht erreichen wir Qaryatein. Eine Geisterstadt könnte man sagen. Die halbe Stadt ist von Bomben zerstört, tausende von Einwohnern sind geflohen. Nur die Familien der Dschihadisten sind noch da und etwa hundert Zivilisten, die zum Arbeiten geblieben sind – nur die Männer, ihre Frauen und Kinder sind geflohen, als der Islamische Staat in die Stadt einmarschiert ist – und ein paar Dutzend weitere, die sich etwa zwanzig Kilometer von der Stadt entfernt in der Wüste, in der Nähe eines Brunnens

Kapitel 6   Qaryatein, Syrien · September 2015

versteckt halten. Sie kommen jeden Tag nach Qaryatein um zu arbeiten und abends verlassen sie die Stadt wieder. Auf den Straßen begegnet man niemandem. Bei unserer Rückkehr beläuft sich die Bevölkerung von Qaryatein vielleicht auf fünfhundert Einwohner. Die Dschihadisten bringen uns ins Kulturzentrum. Eine kleine Gruppe von Gefangenen, einige Männer, aber auch ein paar Frauen und ihre Kinder, halten sie ohne irgendeine Erklärung zurück und bringen sie nach draußen.

Die Nacht verbringen wir zusammengepfercht in einem Raum. Am nächsten Morgen bringen uns die Dschihadisten das Frühstück: frisch gebackenes Brot und sogar Trauben aus Qaryatein! Ich hätte nie geglaubt, dass ich nochmal welche essen würde. Beim Geschmack der Trauben in meinem Mund kommen mir Tränen in die müden Augen. Die Trauben und das Brot haben einen ganz besonderen Geschmack, den man sonst gar nicht schmeckt: den Geschmack nach Leben! Direkt nach dem Frühstück bringen sie uns ins Theater des Kulturzentrums, um uns Instruktionen zu geben, bevor sie uns in unsere Häuser lassen. Einige wurden ausgebombt, doch die meisten sind intakt. Lediglich die Stromgeneratoren, die Motorräder und Autos und die Gasflaschen wurden von den Kämpfern des Islamischen Staats konfisziert. Die Familien sind überglücklich, ihre Sachen wiederzuhaben. Umso erstaunter sind sie, als die Dschihadisten ihnen einige Tage später ihre Fahrzeuge, Gasflaschen und Generatoren zurückgeben! Die Viehzüchter unter ihnen bekommen ihre Schaf- oder Ziegenherden wohlbehalten zurück und die Dschihadisten geben ihnen sogar einen Umschlag mit Geld, das aus einem der Häuser gestohlen wurde. Ich selbst komme bei den verschiedenen Familien unter, immer bei einer andern, denn man hat mir verboten, ins Kloster oder in die Kirche zurückzukehren. Die Dschihadisten wollen die Kirche zu einer Schule umwandeln, um dort die Leute in der Scharia zu unterweisen. All unsere Bücher, die Priestergewänder, sogar die

Spielsachen und die Musikinstrumente der Kinder wurden verbrannt. Noch am Abend unserer Rückkehr klopfen einige meiner muslimischen Freunde bei der Familie, in dessen Haus ich übernachte, an die Tür. Sie sind so froh, uns lebend wiederzusehen, dass sie auch die anderen christlichen Familien aus dem Viertel zusammentrommeln und ein Festessen auftischen, dass wir gemeinsam verzehren, um unsere Rückkehr zu feiern.

Unter der Bedingung, dass uns niemand hört oder sieht, haben wir die Erlaubnis zu beten. Wir loten den Kellerbereich eines verlassenen Gebäudes aus und vereinigen uns dort am dritten Tag nach unserer Rückkehr, um die sonntägliche Messe zu zelebrieren. Vier Monate ist es her, seit ich das letzte Mal die Eucharistie gefeiert habe! Ich genieße das göttliche Wunder, das Gott uns beschert: Ich hätte nicht gedacht, dass ich je wieder an einem Gottesdienst teilnehmen würde und hier bin ich mit den Mitgliedern meiner Gemeinde, um gemeinsam das Brot und den geweihten Wein zu teilen!

Die Messe beginnt in Aufregung und mit einem Schrecken. Wir sind Katholiken und Orthodoxe[33] und feiern die Messe gemeinsam. Das ist wahre Ökumene. Unter diesen extremen Bedingungen gibt es keine Spaltung mehr: Wir sind alle Brüder Christi, unseres Retters. Er ist es, der uns vereint, er ist es, der uns das Leben schenkt, ihm zu Ehren singen und feiern wir. Noch dazu kommt unsere Angst, sobald wir lauter sprechen und so lassen wir uns gemeinsam hinwegtragen von den Lobgesängen und der Danksagung. Ist das ein Pfingsterlebnis? Kurz vorher waren wir noch wie versteinert: das Polizeibüro der Miliz Islamischer Staat befindet sich genau neben uns und sie haben uns vorbeigehen sehen. Wird ihnen diese Christenversammlung nicht verdächtig vorkommen und kommen sie dann nicht gleich, um uns zu unterbrechen?

---

[33] Der Priester der Orthodoxen, *Abuna* Barsoum, war nach meiner Entführung nach Homs geflohen, bevor die Miliz Islamischer Staat die Stadt eingenommen hatte.

Kapitel 6　　　　　　　　　　Qaryatein, Syrien · September 2015

Doch sobald wir anfangen zu singen, ist unsere Angst verflogen und tiefe Freude macht sich in uns breit. Wir danken dem Herrn durch gemeinsame Gebete. Wir jubilieren. Auf allen Gesichtern sind Tränen zu sehen, als wären wir gerade erst in die Freiheit entlassen worden.

Gemeinsam lesen wir das Wort Gottes, das uns Trost gibt. Dann ist der Moment der Wandlung und Kommunion gekommen: Niemals habe ich die Gegenwart Jesus so sehr gespürt, wie in diesem Moment, wo er wirklich mitten unter uns weilt. Es ist fast, als wäre er physisch anwesend. In diesem so wunderbaren, so teuren Moment, zwischen Himmel und Erde schwebend, war mir, als sähe ich schon das Paradies, als erhaschte ich einen kurzen Blick auf die Ewigkeit. In meinem Innern ertönte das Frohlocken des Propheten Jesaja wie ein *Magnifikat,* das haargenau dem Moment entsprach. Es war, als wäre es für uns geschrieben: „*Die Erlösten des Herrn werden wiederkommen und nach Zion kommen mit Jauchzen; ewige Freude wird über ihrem Haupte sein; Freude und Wonne werden sie ergreifen, und Schmerz und Seufzen wird entfliehen*" (Jes 35:10).

Trotz allem lauert noch an allen Ecken der Tod, ja, er ist sogar dabei, uns zu umzingeln. Um uns herum geht der Krieg weiter. Nachts hagelt es Bomben. Von ihrem Getöse aus dem Schlaf gerissen, sammeln wir uns auf der Straße, während die Flugzeuge über uns hinweggrasen, und rennen in alle Richtungen, auf der Suche nach einem sicheren Unterschlupf. Eines Morgens kommen die Dschihadisten zu mir: Sie schleppen die Leiche eines Mannes mit sich, der bei einem Bombeneinschlag getötet wurde. Ich hebe das Tuch an. Es ist Awad, eins meiner Gemeindemitglieder. Ich fange an zu weinen. Er ist verheiratet und hat zwei Kinder. „Als wir ihn fanden, haben wir ihn ins Krankenhaus gebracht, aber er ist an seinen Verletzungen gestorben", sagen die Dschihadisten. „Wir bringen ihn dir, damit ihr eure Gebete sprechen und ihn beerdigen könnt." Vor der Beerdigung wollen die Dschihadisten noch ein Interview mit mir: Voller Wut schreie ich in die Kamera und flehe darum, die Bombenangriffe zu stoppen, um sie nicht in dem Glauben zu lassen, die Dschihadisten hätten Awad hingerichtet. Man könnte zu leicht falsche Schlüsse ziehen …

In den vierzig Tagen nach unserer Rückkehr nach Qaryatein kommen nicht weniger als hundert Zivilisten durch Bombenangriffe ums Leben. Einmal stehen die Menschen in der Schlange und warten auf den Lieferwagen mit dem Brot – die Bäckerei der Stadt wurde zerbombt, weshalb die Dschihadisten jeden Tag nach Palmyra fahren, um Brot für die Leute in Qaryatein zu besorgen –, als die Flugzeuge kommen und auf einen Schlag fünfzig Menschen getötet werden, darunter viele Kinder. Ein anderes Mal, als ich gerade von einem Krankenbesuch zurückkomme, gehe ich durch die Straßen. Da taucht ein Flugzeug auf und wirft eine Bombe ab. Ich springe zur Seite und suche Schutz hinter der Mauer eines verlassenen Geschäfts. Die Bombe explodiert und ich nehme meinen Weg wieder auf, durch eine riesige Staubwolke und dicke Rauchschwaden hindurch. Unter diesen Umständen kann ich das Reich Gottes nicht mehr erkennen: Um mich herum tobt die Hölle.

Viele weitere Todesopfer bereiten mir Schmerzen vor Kummer, wie der Tod von Fheid, einem anderen Mitglied meiner Gemeinde. Seine Weinstöcke quellen über vor sonngereifter Trauben. Also geht er los, um Erntehelfer zu finden. Unter denen, die er einstellt, sind auch zwei junge Muslime. Aufgrund der von uns unterzeichneten Bedingungen hat Fheid nicht das Recht, Muslime zu beschäftigen und einmal ärgert er sich über irgendetwas, beginnt zu fluchen und benutzt dabei einen Ausdruck, der den Namen Gottes bemüht. Abends erzählen die beiden jungen Muslime, die bei Fheid arbeiten, ihrem Vater von dem Vorfall, und der gehört zur Führungsebene des Islamischen Staats. Sofort marschiert er zum obersten Polizeichef, um Fheid verhaften zu lassen.

Kapitel 6 *Qaryatein, Syrien · September 2015*

Drei Tage später wird Fheid zusammen mit einem jungen alawitischen Soldaten geköpft. Ein anderes Mal werden drei muslimische Männer, zwei ältere und ein jüngerer, aus undurchsichtigen Gründen geköpft. Und jedes Mal laden die Dschihadisten die Bevölkerung dazu ein, an den grausamen Hinrichtungen teilzunehmen

Kurz nach unserer Rückkehr verstirbt Um Issam, die an Krebs erkrankt war und in der Gefangenschaft in Palmyra unsagbare Schmerzen durchlitten hat. Augenblicklich wende ich mich mit der Bitte an die Autoritäten, ihre Beerdigung feiern und sie zum Friedhof nach Mar Elian bringen zu dürfen. Der Emir der *Nassara*, ein sehr freundlicher Ägypter, der der christlichen Gemeinde sehr zugetan ist, veranlasst sofort, dass ein Rettungswagen die sterblichen Überreste von Umm Issam abholt und zum Kloster transportiert. Das ist das erste Mal seit meiner Entführung, dass ich in Mar Elian bin. Der Friedhof ist unversehrt, der orthodoxe und der muslimische Friedhof in der Stadt sind verwüstet. Die Lesart des Islams der Fundamentalisten verbietet, die Toten in einem Grab beizusetzen. Nach der Beerdigung gehe ich die paar Schritte zum Kloster, um Mar Elian zu sehen. Da entdecke ich, dass das ganze Kloster von Bulldozern niedergerissen wurde. Die archäologische Ausgrabungsstätte ist zerstört, die Kirche niedergebrannt, das Grab von Mar Elian gesprengt.

Mein Blick bleibt am geschändeten Grab hängen, und ich betrachte erstarrt die Szene der Verwüstung. Ich zeige keine Reaktion, als könnte mich nichts mehr erschüttern, so als hätte das Unglück der letzten Monate bewirkt, dass ich von nun an jedem weiteren Drama gleichgültig gegenüber stehe. Ich kann gar nicht mit Worten beschreiben, was ich empfinde. Ich verstehe einfach nicht, was mit mir los ist. Etwas in mir hat sich verschlossen, wie um mich vor einem Schock zu bewahren, der mich ansonsten auf der Stelle getötet hätte. Fünfzehn Jahre meines Lebens hatte ich in dieses Kloster gesteckt, um aus ihm ein Symbol für den Frieden

Kapitel 6 — Qaryatein, Syrien · September 2015

und der Begegnung zwischen Christen und Muslimen zu machen. Nichts war davon übrig, bis auf mein zerrissenes Herz.

Am darauffolgenden 9. September lade ich meine Gemeinde ein, im Kloster das Fest von Mar Elian zu feiern. In meiner Predigt ermutige ich sie, die Hoffnung nicht aufzugeben. Doch will ich wirklich sie oder eigentlich mich selbst mit meinen Worten erreichen, mit denen ich mich bemühe, den Sinn dieses Gemetzels zu verstehen und ein wenig Trost zu finden? „Mar Elian lebt! Der heilige Elian liegt nicht mehr in seinem Grab, er ist jetzt überall! Sagt seinen Namen euren Kindern weiter, bittet um Fürsprache, nehmt ihn mit euch, wohin auch immer ihr gehen mögt!" Während dieser Feier fällt mir die Ehre zuteil, drei orthodoxe Kinder zu taufen, eines von ihnen wurde während unserer Gefangenschaft in Palmyra geboren! Als ich sie ins Wasser des Taufbeckens tauche, spüre ich die Anwesenheit von Gottes Reich um mich herum, mit all seinen Engeln und Heiligen, inmitten des vom Islamischen Staat kontrollierten Gebiets! Ein weiteres Gottesgeschenk, um unsere Tränen zu trocknen und uns seine Gnade zu erweisen.

Mit jedem weiteren Tag verringert sich der Druck, der auf unserer Gemeinschaft lastet. Wir sind zu Hause und wir sind am Leben. Aber eigentlich ist es nicht mehr als ein Überleben. Im Grunde genommen sind wir immer noch Geiseln! Oft bekomme ich Besuch vom Emir der *Nassara*. Mal stellt er mir Fragen zum Leben der Christen, mal fordert er von mir eine Liste mit allen christlichen Familien der syrischen Gemeinde und dem Vermerk, welche Familien arm sind und welche über ein Feld, Tiere oder Ernteerträge verfügen. Als ich bei einem dieser Gespräche meine Beunruhigung darüber zum Ausdruck bringe, was mit den Männern, Frauen und Kindern passiert ist – um die fünfzehn Personen insgesamt –, die am Abend unserer Ankunft von uns getrennt wurden, vertraut er mir an, dass alle Mütter und Babys befreit wurden bis auf eine. Najoua, die arme Najoua. Sie wurde des Ehebruchs

Kapitel 6 Qaryatein, Syrien · September 2015

bezichtigt und mit einem Dschihadisten zwangsverheiratet. Die Männer aber hat man alle nach Raqqa verfrachtet, wo sie des Verrats oder der Ketzerei angeklagt wurden und geköpft worden sind.

Ich bin am Boden zerstört, als von ihrem schlimmen Schicksal erfahre. Ich bin mir absolut sicher, dass alle Anschuldigungen falsch sind! Aber das ist ihnen völlig egal, sie können alles Mögliche behaupten, ohne die geringsten Schwierigkeiten zu bekommen, solange es nur der Ausbreitung des Islams dient. Selbst lügen ist erlaubt! Als ich diese schrecklichen Neuigkeiten höre, und gleichzeitig die Bombardierungen immer heftiger und häufiger werden, habe ich nur noch eins im Sinn: fliehen. Um die jungen Christinnen habe ich wirklich Angst! Schweben sie nicht alle in Gefahr, mit einem Dschihadisten zwangsverheiratet zu werden? Und woher sollen wir wissen, ob nicht alle bald fälschlich der Ketzerei bezichtigt werden? Und wird dieser mörderische Kugelhagel, der vom Himmel niedergeht, am Ende nicht auch uns mit sich fortreißen? Ich kann spüren, wie der Tod sich nähert: Wir müssen Qaryatein verlassen, koste es, was es wolle. Wozu sollte es gut sein, um jeden Preis zu bleiben, versteckt in Kellern und auf Gedeih und Verderb diesen Wahnsinnigen ausgeliefert? Und alles nur, um unsere Häuser aus Stein nicht zu verlieren und ein paar Trauben an unseren Rebstöcken?

Als ein paar Tage später ein Dschihadist kommt und nach einem 12- oder 13-jährigen Mädchen verlangt, zögere ich nicht mehr länger. In mir reifen solch ein Mut und solch eine Entschlossenheit, dass ich zu allen Häusern, Höfen und Feldern gehe, um meine Gemeindemitglieder in mein Vorhaben einzuweihen. „Zuerst müssen wir alle jungen Mädchen mit den jungen Männern verheiraten, selbst wenn es nur zum Schein ist, sonst laufen sie Gefahr, uns mit Gewalt genommen zu werden. Als nächstes müssen wir einen Weg finden, wie wir ungesehen die Stadt verlassen können."

Kapitel 6 *Qaryatein, Syrien · September 2015*

Schon seit Beginn unserer Rückkehr nach Qaryatein bekommen wir regelmäßig Hilfe von einigen jungen Muslimen. Gleich am ersten Abend, dem Tag unseres gemeinsamen Festessens mit Freunden und Nachbarn, sprachen sie mich an. Anfangs hatte ich Angst. Einer von ihnen, der behauptete aus Mahin zu stammen, wollte mir Geld geben. Ich lehnte es ab, doch er insistierte. „Du brauchst das Geld, um alle möglichen Sachen zu kaufen! Wir kommen aus Homs. Wir sind Muslime und können uns zwischen Homs und Qaryatein frei bewegen. Wenn ihr irgendetwas braucht, was es auch sei, wir sind für euch da." Und was, wenn sie dschihadistische Spione waren?

Aus Vorsicht sagte ich lediglich: „Ich danke dir, segne dich Gott." Als sie sahen, dass ich ihnen nicht traute, zog einer der Jungen sein Handy aus der Tasche. „Hier, ich habe eine Nachricht für dich!" Er zeigte mir ein Video, das von einem Freund kam, der orthodoxer Priester war und in Homs lebte! Mein Misstrauen löste sich auf der Stelle in Luft auf. Im Anschluss nahm ich auch eine Videobotschaft für meine Geschwister und für meine Orden und die priesterlichen Brüder der Diözese auf[34].

Nach diesem bemerkenswerten Zusammentreffen fuhren die Jugendlichen alle zwei oder drei Tag nach Homs und brachten Lebensmittel oder Kleidung mit oder überbrachten Nachrichten. In den vom Islamischen Staat kontrollierten Gebieten war es den Muslimen strikt untersagt, den Christen zu helfen, aber genau wie viele andere beachteten diese Jugendlichen das nicht. Immer wieder helfen sie uns. Sie setzten sogar ihr eigenes Leben aufs Spiel. Daher weihe ich sie voller Vertrauen in meinen Plan ein, die gesamte Pfarrgemeinde aus Qaryatein herauszubringen, zuallererst die Frauen und Mädchen. „Das wird nicht allzu schwer sein", versicherten sie mir. „Es reicht, wenn sie einen schwarzen Niqab tragen. An den Kontrollposten stehen nur Männer. Und die dürfen die Frauen

---

34 In Qaryatein war sogar das Mobilfunknetz gekappt. Es war unmöglich, von unseren eigenen Telefonen aus zu telefonieren.

nicht anschauen. Es sollte also kein Problem, sie raus zu schleusen."

Die Strategie funktioniert, in den folgenden Tagen besorgen unsere Freunde die Niqabs und auf diese Art gelingt es einigen Frauen und Mädchen zu entkommen. Währenddessen besuche ich alle Gemeindemitglieder, um sie von der Flucht zu überzeugen. Viele sind bereit dazu, doch einige haben Angst vor Repressalien. Eine weitere List besteht darin, dem Emir der *Nassara* eine Liste mit den Namen von zwanzig Personen zu geben, die angeblich krank sind und zu einem Arzt nach Homs müssen, damit sie versorgt werden können. Er setzt sich dafür ein, dass sie gehen dürfen. Für andere wiederum legen wir verschiedene Routen durch die Wüste fest, auf denen sie nach Homs gelangen können. Abseits der festen Wege gibt es keine Kontrollposten und wir aus Qaryatein kennen diese Wüste, in der wir unser ganzes Leben verbracht haben, in und auswendig, im Gegensatz zu den Dschihadisten, die Fremde sind und nicht aus der Gegend stammen.

Am vierzigsten Tag nach unserer Rückkehr, wie nach den vierzig Tagen in der Wüste, weiß ich plötzlich, dass es auch für mich an der Zeit ist zu verschwinden. Ich bitte meine jungen Freunde, dem orthodoxen Priester Bescheid zu geben. Als ich gerade auf dem Weg zu Familien bin, um ihre Flucht vorzubereiten, kommt einer von den Freuden auf seinem Motorrad angefahren. „Wir müssen sofort los. An den Kontrollposten stehen gerade fremde Wachen, die dich nicht kennen, wir sollten ohne Probleme durchkommen!" Ich zittere vor Angst, muss aber nicht lange überlegen. Damit mich in der Stadt niemand erkennt, wickele ich mir eine Kufiya um den Kopf und setze ich mich hinten aufs Motorrad. Wir kommen zum Kontrollposten.

„Nimm die Kufiya ab. Dein Ausweis?"
„Ich habe ihn zu Hause gelassen."
„Wie heißt du?"

Kapitel 6   Qaryatein, Syrien · September 2015

„Ahmed Abdallah."
„Wohin fährst du?"
„Ein Freund von mir in Mahin ist krank, ich will ihn besuchen."
„Gott sei mit dir."
Bei diesen Worten gibt mein Fahrer Gas und rast los in Richtung Homs. Er hätte es fast vermasselt, als er meinen Namen nennen sollte. Aber das hatte ich vorausgesehen. Kurze Zeit später sind wir in Hawarin. Die Stadt ist noch in den Händen der Freien Armee. Noch ein Kontrollposten: die gleichen Fragen, dieselben Antworten. Ich kenne den Soldaten, der mir die Fragen stellt, aber ich lasse mir nichts anmerken. Besser, man erkennt mich nicht. Endlich kommen wir zum Kontrollposten des Muchabarat am Ortseingang von Sadad. Dort erwartet mich mein Freund, der orthodoxe Priester und weint vor Freude. Als wir in der Diözese Homs ankommen, werden wir von den Pfarrmitgliedern aus Qaryatein umringt, die nach Homs geflüchtet waren und mich jetzt begrüßen wollen. Wieder Freude und Tränen. Aber ich warne sie sofort, dass sich die Nachricht noch nicht herumsprechen darf, da sich noch immer Christen in Qaryatein befinden und dies sie in Gefahr bringen könnte.

Drei Tage nach meiner Flucht erreichen die zwanzig Kranken endlich Homs: Der Emir der *Nassara* hat Wort gehalten. Zur selben Zeit organisieren unsere jungen muslimischen Freunde mithilfe eines Viehzüchters die Flucht von achtunddreißig weiteren Personen, die versteckt in Futtersäcken auf einem Schaftransporter entkommen. Viele Christen werden über seinen Hof geschleust, der einige Kilometer von der Stadt entfernt liegt. Zusammen mit seiner Mutter, seinem Bruder und seinen beiden Schwestern tut dieser Beduine alles in seiner Macht stehende, um den Pfarrmitgliedern zu helfen. Zunächst versteckt er sie auf seinem Hof, damit sie im Anschluss mit seiner Hilfe die Wüste durchqueren können, bis sie in einem von der Regierungsarmee kontrollierten Gebiet sind.

Kapitel 6 Qaryatein, Syrien · September 2015

Eines Tages, als die gesamte Familie, bis auf einen Sohn, gerade mit sechs muslimischen Männern aus Qaryatein zusammensitzt, die auch sehr eingebunden in die Fluchthilfe sind, stürmen etwa fünfzig bewaffnete Männer die Stube des Bauernhauses und erschießen alle Anwesenden direkt an Ort und Stelle. Laut den Medienberichten der folgenden Tage tragen die Dschihadisten die Schuld an diesem Blutbad. Aber woanders habe ich gehört, dass eine andere Gruppe das Massaker angerichtet haben soll. Wer sagt jetzt die Wahrheit? Der Krieg macht Wahnsinnige aus den Männern, ich bin am Boden zerstört: Diese Menschen sind gestorben, damit wir leben können.

Als die Emire aus Qaryatein die Flucht bemerken, verlangen sie, dass die Ausweise von allen noch in der Stadt befindlichen Christen konfisziert werden. Vier meiner Pfarrmitglieder werden daraufhin ins Gefängnis geworfen und ausgepeitscht. Sie wollen herausbekommen, wer bei der Flucht geholfen hat. Am Ende der Foltersitzung wird das unabwendbare Urteil gefällt: „Werdet Muslime, oder wir schlagen euch den Kopf ab." Ob sich meine vier Freunde an meinen Rat erinnern, den ich ihnen bei unserem Gespräch im Gefängnis in Palmyra gegeben habe? Mit vom Schmerz durchbohrtem Herzen willigen sie schließlich ein, die *Schahāda* zu sprechen. Als ich es später erfahre, mache ich mir schreckliche Vorwürfe. Denn weil ich geflohen bin, wurden sie bis aufs Blut ausgepeitscht und mussten zum Islam konvertieren, um ihre Frauen und Kinder vor den Dschihadisten zu retten. Aufgrund der anhaltenden Bombardierungen geben die Anführer der Organisation Islamischer Staat im Jahr 2015 um die Weihnachtszeit endlich den Befehl, dass die verbliebenen dreißig Christen Qaryatein verlassen müssen.

Drei der Christen wurden auf dem Weg aus der Stadt von einer Bombe getötet, gerade als sie ihren Weg in die Freiheit angetreten hatten.

Cori, Italien[35]
April 2016

Schon sechs Monate sind seit meiner Flucht vergangen. Gleich danach habe ich ein paar Wochen in Syrien bei meinen Freunden, meiner Familie und meinem Orden verbracht, dann war ich im Libanon. Natürlich waren wir überglücklich, uns lebend wiederzusehen. Aber wie sollten wir jubeln, wenn neben uns der Krieg, die Attentate und die Bombardierungen weitergingen? Uns war nicht nach Feiern zumute. Das wäre pietätlos. Als nächstes habe ich mich auf den Weg nach Frankreich gemacht. Ich hatte ein Versprechen gegeben und das musste ich einhalten. Ich bin nach Lourdes gefahren, um Maria für ihren Beistand während meiner Gefangenschaft und für meine Befreiung zu danken.

Im Zug betete ich den Rosenkranz mit frohem Herzen. Ich wusste, dass der Frieden sich durch Marias Fürsprache auf der ganzen Welt ausbreiten konnte. Eigentlich wollte ich nach meiner Ankunft viele Stunden im Gebet vor der Grotte verbringen, doch die Eiseskälte des Winters in der Bigorre und die Nässe, die vom Fluss hinaufstieg, verhinderten dies. Ich hielt mich also nicht so lange an der Grotte von Massabielle auf. Doch als ich mit der Hand über all diese Steine strich, die Fürsprache für mich eingelegt hatten[36], spürte ich die Kraft, die von ihnen ausging. Ich flehte Maria

---

35 Die Gemeinschaft von Mar Musa lebt heute in Mar Musa (Syrien), in Sulaimaniyah (Irak) und in Cori (Italien). Der vierte Standort war das Kloster Mar Elian, das während des syrischen Bürgerkriegs zerstört worden ist.

36 Zwei Tage bevor ich nach Lourdes fuhr, erzählte man mir, dass die Großmutter einer französischen Freundin mein Bild auf einem Flyer gesehen hatte, der dazu aufrief, für unsere Freiheit zu beten. Sie fuhr nach Lourdes und legte in der Grotte der Erscheinungen genau dieses Bild auf den Stein der Grotte von Massabielle. Das war genau eine Woche vor unserer Flucht.

Kapitel 7 — Cori, Italien · April 2016

an, auch Fürsprache für Paolos Befreiung einzulegen. Dann ging ich zurück in die Basilika, um ein Rosenkranzgebet zu sprechen. Was für ein wunderbares Gebet das Rosenkranzgebet doch ist, wenn man sich in Lourdes befindet. Und ausgerechnet jetzt war ich enttäuscht, dass sich nicht dieses Gefühl intimer Freiheit einstellte, diese geistige Stärke, die warmherzige Hingabe, von der ich erfüllt war, wenn ich in meiner Zelle in Raqqa gebetet habe. Als hätte das Rosenkranzgebet, das während meiner Geiselhaft zum unerlässlichen Garant für mein Überleben geworden war, plötzlich seinen mühevollen und mechanischen Charakter zurückgewonnen. Als hätte ich mich in Gefangenschaft innerlich freier gefühlt, als jetzt hier in der Grotte von Massabielle. Zuerst war ich enttäuscht, doch dann begriff ich endlich, dass Gott mir vielmehr die Gnade erwiesen hatte, die Kraft des Gebets zu erfahren, als ich sie am nötigsten gebraucht habe. Nun war es an mir, für all diejenigen zu beten, die noch immer gefangen waren – ein paar Gemeindemitglieder waren zu diesem Zeitpunkt noch in Geiselhaft – im Bewusstsein der Kraft, die von diesem Gebet trotz seiner scheinbaren Eintönigkeit ausging. Gott hatte zugelassen, dass ich einen Moment großen Leids durchlebte. Mir wurde bewusst, dass dies gleichzeitig ein großer Segen war, denn dort wo Sünde, Gewalt und Folter sich breit machen, wurden sie von der göttlichen Gnade überwuchert und ich genoss das Privileg, Zeuge dieser Gnade zu sein.

An Weihnachten kehrte ich zurück nach Syrien, um bei meiner Gemeinde zu sein und die Eucharistie in Mar Musa zu feiern. Das erste Mal nach fünfzehn Jahren! Auf dem Weg dorthin ging ich im Kopf durch, wie mein Leben verlaufen und ich nach Mar Musa gekommen war. In Mar Musa war meine Berufung zum Klosterleben erwacht, einem Leben, das dem Gebet, der Arbeit, der Gastfreundschaft und der Freundschaft zu den Muslimen gewidmet ist, ganz im Geiste Paolos. Er hatte sein ganzes Leben für diese

Kapitel 7 — Cori, Italien · April 2016

Liebe gelebt, gesegnet mit ungewöhnlichem Mut und einem Glauben, der Berge versetzen konnte. Zu einer Zeit, als die Syrer begannen, aus ihrem eigenen Land zu fliehen, hatte er sich für dieses Land entschieden. Selbst dann, als die Revolte sich schon in den Herzen der Bevölkerung breitgemacht hatte, hatte er noch die Hoffnung bewahrt. Er hatte Mar Musa restauriert und einen Ort des Gebets und der Begegnung geschaffen, zu einer Zeit, in der interreligiöse und soziale Beziehungen immer schwieriger wurden. Er, der Italiener, hatte mich dazu ermutigt, Mar Elian wieder aufzubauen, um auch dort den spirituellen Geist Syriens wieder zum Leben zu erwecken. Paolo war mein Gefährte auf einem Weg, den wir trotz aller Schwierigkeiten und Differenzen gemeinsam gegangen waren. Paolo hatte ein radikales Leben gelebt, mit Begeisterung studiert und mit Leidenschaft bis zur Erschöpfung gearbeitet. Er hat der Nächstenliebe niemals Grenzen gesetzt. Paolo war das Musterbeispiel für Gebet, Geduld, Kreativität und manchmal auch Sturheit. Es ist wahr, dass er leicht zu erregen war, aber das geschah stets im Dienste der Wahrheit: Wie könnte man ihm das übel nehmen? Nicht einmal wir, seine engsten Freunde, haben je seine ganze Größe erfasst. Doch ist das nicht das Los aller Propheten?

Von der Emotion überwältigt erklomm ich die Stufen der Zitadelle. Mir liefen Tränen über die Wangen. Es waren Freudentränen, natürlich, aber auch Tränen tiefer Trauer. Paolo war nicht dabei. Er hinterließ eine große Lücke in unserem Kreis. „Warum bin ich frei und er noch immer vermisst?"[37] Ich hatte den Ein-

---

[37] Zu Beginn des Syrischen Bürgerkriegs hatte Pater Paolo einen Text veröffentlicht, in dem er zu einer politischen Veränderung aufrief, die die verschiedenen politischen und religiösen Ansichten des Volks berücksichtigt. Diese Veröffentlichung hatte seine Ausweisung aus Syrien zur Folge. Stur wie er war, kehrte er 2013 über die Türkei nach Syrien zurück, um mit Anhängern des Islamischen Staats über die Freilassung einiger Geiseln zu verhandeln. Das war der 29. Juli 2013, der Tag, an dem er verschwand. Seitdem ist er nie wieder aufgetaucht.

druck, dass das Echo dieser schmerzvollen Frage in der erschütternden Stille der Wüste widerhallte.

***

Heute ist Ostern. Das erste Osterfest nach meiner Flucht. Ich bin unendlich traurig. Obwohl ich doch glücklich sein müsste. Vor ein paar Monaten noch war ich so gut wie tot und jetzt bin ich auferstanden, frei, ich werde keiner psychischen oder moralischen Folter ausgesetzt, ich kann essen, wenn ich Hunger habe, und ich feiere die Wiederauferstehung Christi! Zusammen mit meiner Mitschwester Karol bin ich im Kloster San Salvatore südlich von Rom. Genau wie Mar Musa ist dieses Kloster zwischen zwei Steilhänge geklemmt, oberhalb des kleinen Örtchens Cori, an der Stelle, auf der früher eine Kirche gestanden hat, die selbst über einem alten heidnischen Tempel erbaut wurde, der Herkules gewidmet war. Zur Zeit der Römer war Cori eine bedeutende Marktstadt gewesen. Die Legende besagt darüber hinaus, dass hier derjenige geboren und aufgewachsen ist, der später zu einem Statthalter von trauriger Berühmtheit wurde: Pontius Pilatus. Ich kann heute nicht an Christ oder die Auferstehung denken. Mir schwebt die ganze Zeit das Bild von Pontius Pilatus vor Augen, wie er vor Jesus steht, der gerade gegeißelt worden ist und eine Dornenkrone auf dem Kopf trägt, und ihm die bohrende Frage stellt: *„Was ist Wahrheit?"* (Joh 18:38). Heute ist Ostern, aber es kommt mir so vor, als wäre ich im Karfreitag steckengeblieben, mitten im Leidensweg. Ich bin tieftraurig, ein bisschen so wie beim letzten Weihnachtsfest in Mar Musa ohne Paolo.

So wie wir beide es gemeinsam beschlossen und als Regel für unseren Orden festgelegt hatten, nehme ich mir vor der Messe eine Stunde Zeit für die Meditation. Gequält denke ich zurück an all die Fragen, mit denen mich die Dschihadisten während der

Kapitel 7 — Cori, Italien · April 2016

Gefangenschaft malträtiert haben. In ihren Worten haben sie mir die gleiche Frage gestellt: „Was ist Wahrheit?" Sie wollten es wissen, wollten es begreifen. Meistens habe ich geschwiegen, wie Jesus vor dem römischen Statthalter, erfüllt von Mitleid. Pilatus war so gefangen im politischen System des Römischen Reichs, dass durch ihn der Gerechte par excellence zum Tod am Kreuze verurteilt wurde. Diese Männer, die behaupten im Namen Allahs zu kämpfen, wirken für mich ebenfalls so, als wären sie im Räderwerk einer Welt gefangen, die aus den Fugen geraten ist und alle zermalmt, die ihr in die Quere kommen, wie gerecht sie auch sein mögen. Weil er sich von seinem durch Jesus verkörperten Gott abgewandt hat, versinkt Pilatus in Ungerechtigkeit und Gewalt. Das Gleiche passiert gerade im so fragilen Nahen Osten und sogar auf der ganzen Welt. Weil wir taub sind für die Botschaft des Evangeliums von Liebe, Vergebung und Gerechtigkeit, ebnen wir den Weg für Unrecht und Gewalt. Die beiden sind immer miteinander verknüpft. Wenn das Unrecht zunimmt, explodiert die Gewalt.

Von diesen Gedanken geplagt, nehme ich mein Heft zur Hand. Hinter die letzten Gedanken, die ich während der Geiselhaft notiert habe, möchte ich die Fragen aufschreiben, die mir heute keine Ruhe lassen und mich derart plagen, dass sie mir sogar die Freude am Osterfest verderben. Ich spüre noch immer so viel Wut in mir! Gestern Abend habe ich die Nachrichten gehört: Man sprach von 400.000 Toten im Syrienkonflikt. Wie könnte ich mich freuen, wenn mein Land noch immer Opfer dieses unsäglichen Gemetzels ist? Die Welt ist auf dem Siedepunkt und droht in einen bombastischen Dritten Weltkrieg zu schlittern, der „in Stücken" bereits angekommen ist, wie es Papst Franziskus ausgedrückt hat. „*Eli, Eli, lema sabachtani?*" (Mt 27:46[38]). Warum,

---

38 „*Mein Gott, mein Gott, warum hast du mich verlassen?*". Eins der sieben letzten Worte Jesu, die er während der Kreuzigung spricht.

Kapitel 7 Cori, Italien · April 2016

oh Herr, all diese Grausamkeiten, dieser Krieg, dieses unsagbare Leid? Warum, mein Gott, der du den Tod besiegt hast, lässt du es zu, dass die Menschheit vernichtet wird?

Überall erheben sich Stimmen, die den Islam dafür verantwortlich machen wollen. In der muslimischen Tradition spielt die Gewalt eine Rolle, wie die Dschihadisten mir selbst gesagt haben – die Gewalt wird sogar öfter angeführt als die Barmherzigkeit! Man darf sich nicht scheuen, das zu sagen. Selbst wenn glücklicherweise die große Mehrheit der Muslime diese Gewalt in ihrem Alltag nicht lebt, kann man dieser Frage nicht ausweichen, indem man sagt: „Die Gewalt gehört nicht zum Islam" oder „Der Islam ist eine Religion des Friedens und der Liebe!" Das ist zu kurz gegriffen.

Aber es wäre ebenfalls zu kurz gegriffen, einer anderen, genauso berechtigten Frage auszuweichen: Warum gibt es immer mehr Muslime, die einer sehr strengen Auffassung des Islams anhängen, die bis zur Anwendung von Gewalt reicht, nachdem wir jahrzehntelang in Frieden mit ihren Eltern und Großeltern gelebt haben? In Syrien wurden die Christen von den Muslimen seit tausendvierhundert Jahren als aufrechte, ehrbare und ehrliche Personen angesehen und wir haben friedlich nebeneinander gelebt. Diese Beziehung wurde erst durch Fremde gestört, Muslime und Christen, die die Religion für ihre politische Zwecke missbraucht haben. Waren es nicht die Kreuzzüge, die zwischen dem 11. und 13. Jahrhundert die Christen in Befürworter und Gegner der Anwesenheit der Lateiner im Orient teilten und so Tür und Tor für die gewaltsame Unterdrückung der Mamelucken öffneten, die von da an als „Feinde im eigenen Land" angesehen wurden? Und hatten nicht unsere syrischen und koptischen Vorfahren einige Jahrhunderte vorher mit Begeisterung die arabisch-islamischen Angreifer empfangen, die sie vom Joch des christlichen Konstantinopels befreiten?

Kapitel 7 — Cori, Italien · April 2016

Unter islamischer Herrschaft konnten sie ihren Ritus praktizieren, was ihnen unter der Herrschaft von Konstantinopel untersagt war, und wenn sie auch mit der Dhimma einem geringeren Status untergeordnet waren, so wurden sie zumindest nicht zur Konversion gezwungen. Durch ihre bedeutenden Kenntnisse in der Verwaltung bekleideten sie sogar hochrangige Posten im Reich der Umayyaden, sie unterwiesen die Muslime in der Staatsführung und trugen zu wichtigen Erkenntnissen auf den Gebieten der Wissenschaft, Medizin, Philosophie und sogar der Theologie bei.

Näher an der heutigen Zeit liegen die Massaker, die an der Generation meiner Großeltern verübt wurden, und waren sie nicht einer der indirekten Auslöser des Ersten Weltkriegs? Und heute? Würde es den sogenannten Islamischen Staat überhaupt geben, wenn die US-Amerikaner nicht in den Irak einmarschiert wären und Frankreich Libyen nicht bombardiert hätte?

Die wirkliche wichtige Frage hat nichts mit dem Zusammenhang zwischen Islam und Gewalt zu tun. Wir können den Zusammenhang zwar nicht abstreiten, aber genauso wenig können wir immer wieder dieses Argument ins Feld führen, um uns selbst aus der Verantwortung zu ziehen und einfach der gesamten arabischen Welt die Schuld am aufkeimenden Dritten Weltkrieg in die Schuhe schieben. So vermeidet man höchstens, dass sich der Rest der Welt – die Europäer, die Russen, die US-Amerikaner – die Frage nach der eigenen Verantwortung an dem allgemeinen Chaos stellt. Es ist immer leichter, den Splitter im Auge seines Bruders zu sehen, als sich des Balkens in seinem eigenen Auge gewahr zu werden. Christus aber ruft uns auf, gerade den Balken in unserem eigenen Auge als allererstes zu entfernen. Nur haben die westlichen Länder, die doch so sehr vom Christentum geprägt sind, Christus Aufforderung schon längst vergessen. Dass Wladimir Putin Kerzen in orthodoxen Kirchen anzündet oder Donald Trump seine evangelikalen Landsleute zum Beten aufruft, ist keine große Hilfe: In den Augen der islamischen Welt sind diese Männer Christen. Ein gefundenes Fressen, um die Ideologie der Dschihadisten anzufeuern, die logischerweise die Gewalt der „Kreuzfahrer" anprangern.

Mir fällt nur ein einziges Wort dazu ein, ich schreibe es in Großbuchstaben: UNGERECHTIGKEIT. Wer nur die Gewalt des Islams kritisiert, verschweigt einen Großteil des Problems. Man muss auch die andere Seite dieser Realität ins Auge fassen: die weltweite Ungerechtigkeit, die auf grausame Weise und seit Generationen ganze Völkergruppen trifft, die von ihren eigenen Führern unterdrückt werden und sich zu willenlosen Marionetten in den Händen der Mächtigen dieser Welt verwandeln. Die Kombination aus diesen beiden Faktoren führt zu Organisationen wie Al-Qaida, dem Islamischen Staat, Boko Haram und all den anderen abscheulichen Auswüchsen: Die islamische Gewalt pfropft sich auf die weltweite Ungerechtigkeit.

Diese Ungerechtigkeit kann verschiedene Formen annehmen, ihre Gründe liegen vor allem in der wirtschaftlichen Vormachtstellung und der damit zusammenhängenden Erdölförderung in Afghanistan, Syrien, Libyen, im Irak, in Saudi-Arabien und sogar in Nigeria. Aufgrund dieser unersättlichen Suche nach Erdöl, dem Synonym für Geld und Macht, gehen die mächtigsten Länder der Welt einträgliche Verträge mit den orientalischen Ländern ein, egal wie korrupt und autoritär sie sind. Aber werden sie dadurch nicht selbst zu Terroristen? Es interessiert sie überhaupt nicht, welches Schicksal die Völker dieser Länder erleiden: Sie werden unterdrückt, haben keine Mittel, keine Hoffnung auf ein menschenwürdiges Leben, keine Zukunft. Wie kann man von den heutigen Irakern verlangen, in ihrem Land zu bleiben und mit der ständigen Angst vor einem erneuten Ausbruch des Konflikts zu leben?

Nicht anders als 2003 könnte schon morgen wieder ein Horde Verrückter auftauchen, die meint, sich alles erlauben zu können, und einzig auf *„God bless America!"* schwört, um unter abstrusen

Kapitel 7 — Cori, Italien · April 2016

Vorwänden Bomben abzuwerfen und einmarschieren zu können. Gleiches gilt für die Syrer, denen nichts anderes übrig bleibt, als ihr Land zu verlassen, wenn sie in Freiheit leben wollen. Wie sollen die Beduinen weiter in ihrer geliebten Wüste leben, wenn sie ständig Angst davor haben müssen, dass Unbekannte landen und sie vertreiben könnten, um eine Gaspipeline durch ihr Land zu bauen? Manchmal glaube ich, dass die westlichen Länder, in denen ich viele Freunde habe, überhaupt keine Vorstellung davon haben, wie sehr Wachstum, Frieden und Wohlstand ihrer Länder auf einem wirtschaftlichen und politischen System der Welt basieren, dass zutiefst ungleich ist und bei dem ganze Bevölkerungsgruppen auf der Strecke bleiben.

Wie kann es sein, dass ich, Pater Jacques Mourad, meine materielle Existenz nur westlichen Organisationen wie L'Œuvre d'Orient, AED, SOS Chrétiens d'Orient, oder Raoul Follereau verdanke? Ich kann ihnen gar nicht genug für ihre Großzügigkeit danken. Doch wenn ich zu einer Konferenz nach Europa fahre, an deren Ende man mir einen kleinen Umschlag überreicht, komme ich mir vor wie ein Bettler! Oh, ich bin froh, ein Bettler zu sein, da es für mein Volk ist. Aber bin ich dazu verdammt, mein ganzes Leben lang Spenden einzusammeln, indem ich von der Verfolgung erzähle, die wir erleiden, um so an ihre Gefühle zu appellieren und ein paar Euro für meine arme Kirchengemeinde einzuheimsen? Ich will das nicht länger so hinnehmen. Warum muss meine Kirchengemeinde immer weiter verarmen? Warum müssen meine christlichen und muslimischen Mitbürger so arm sein, dass sie sogar in Kauf nehmen, aus dem Land zu fliehen, ihr Leben aufs Spiel zu setzen, um das Meer zu überqueren, um dann in Grenzlagern zu vermodern oder sich schlimmstenfalls sogar der al-Nusra-Front oder dem Islamischen Staat anzuschließen?

An allem sind die Regierungen schuld, die von hier genauso wie die aus dem Westen, die sich alle an diesem irren Wettrennen um die Macht und das Geld beteiligen und dazu auf unserem Boden Krieg führen. Zu unserem großen Pech hat diese erschreckende Realität eine lange Tradition. Wenn sie vielleicht auch zu ein paar guten Errungenschaften geführt haben mag, so hat die Kolonialisierung doch auch viele westliche Länder dazu geführt, mit Gewalt über die afrikanischen und arabischen Länder zu herrschen und sie hat Traumata hinterlassen, die nicht im entferntesten geheilt sind! Den Menschen ist gar nicht bewusst, wie sehr die Gewalt der Islamisten, die sich heute in Europa entlädt, eine fast ein Jahrhundert lang unterdrückte, nach Rache sinnende Antwort auf die ehemaligen Kolonialmächte ist. Solange man nicht bereit ist, sich abzuwenden von dieser von Dominanz und erbittertem Konkurrenzkampf zwischen den einzelnen Ländern beherrschten Weltpolitik, wird man nicht verhindern können, dass die Völker sich auflehnen und Länder mit großer muslimischer Mehrheit, im Islam ein politisches Werkzeug für diese Antwort finden, ganz gleich wie gewalttätig sie auch sein mag. Das führt den Westen, allen voran Europa, zu einer entscheidenden Frage: Werden alle dort lebenden und weiter dorthin strömenden Muslime morgen Werkzeuge dieser Revolution sein? Der Großteil der Migranten scheitert gerade auf der Suche nach einem besseren Leben in Europa. Sie sind vor allem die Opfer. Aber man muss sich auch nichts vormachen, denn ohne dass sie es merken, werden sie zu Werkzeugen bestimmter Mächte mit schlechten Absichten. Die wissen genau, dass sie dort höchstens ein noch elenderes Dasein fristen müssen, denn Europa kann nicht allen ein Dach über dem Kopf und eine Arbeit geben. Wenn sie dann nicht dieses bessere Leben finden, auf das sie gehofft haben, flüchten vielleicht auch sie sich in den Islamismus, um ihrer Frustration ein Ventil zu geben? Nur weltfremde Theoretiker weigern sich, diese Gefahr zu sehen. Trotzdem ist es eine Tatsache, dass sich der politische Islam auf diese Weise ausdehnt, getrieben von feindlich gesinnten Mächten.

Kapitel 7 — Cori, Italien · April 2016

Wie sonst ist es zu erklären, dass kein einziges arabisch-muslimisches Land auch nur irgendetwas getan hat, um die Millionen von Glaubensgenossen aufzunehmen?

Die Gewalt ist wie ein Krebsgeschwür. Wird sie nicht vollständig entfernt, kommt sie zurück, in zehn, zwanzig, fünfzig oder hundert Jahren, wie bei den gespeicherten Erinnerungen an ein Trauma im menschlichen Organismus. Wer verlangt, dass die Gewalt aufhören soll, ist nicht glaubwürdig, wenn er sie selbst begünstigt oder sogar ausübt. Es ist ja schön und gut, ein Christ zu sein und jeden Tag zu beten, doch wenn durch unser Leben, unsere Arbeit, unser Handeln, die Kreuzigung befeuert wird, bleibt Frieden nur eine fromme Floskel. Wo Krieg herrscht, ist die Kreuzigung von Jesus nicht zu Ende! Wie lange wird man sich noch über Milliardengewinne aus Waffenverkäufen freuen, als wäre das ein Grund zu jubeln, obwohl es dazu führt, dass die Welt noch ein bisschen mehr zerstört wird? Wie lange noch werden wir den anderen sagen, dass Gewalt keine Lösung ist, ohne selbst auf Gewalt zu verzichten, oder sogar, indem wir einen Krieg befeuern, der angeblich Frieden schaffen soll? Wie lange werden wir noch tatenlos zusehen, wie diese Mächte Kriege zwischen Sunniten und Schiiten oder zwischen Christen und Muslimen anzetteln? Wann werden wir endlich begreifen, dass unsere Berufung als Christ darin besteht, für unsere Brüder und Schwestern einzustehen, wenn es sein muss mit dem Leben, um hier auf Erden das Reich Gottes zu errichten, indem wir der Gewalt abschwören und kompromisslos den Weg des Dialogs und des Friedens einschlagen? Das Königreich ist bereits mitten unter uns, doch durch unsere Sünden, unser Kriege, unsere Herrscherlogik verwandeln wir dieses Reich in eine Hölle: Wie lange soll das noch so gehen?

Das Leid, dass ich empfinde, weil die Welt gegenüber all dem Bösen schweigt, das in Syrien täglich zunimmt, genauso wie bei vielen anderen Völkern und Flüchtlingen, die auf der Welt ver-

Kapitel 7 Cori, Italien · April 2016

streut sind, ist noch schlimmer als das, was ich in der Gefangenschaft ertragen musste. Es gibt kein größeres Leid, als Opfer eines Krieges zu sein. Es gibt kein größeres Leid, als sein Land verlassen zu müssen, um ein Fremder zu werden in einem Land, dessen kulturelle, religiöse und gesellschaftliche Sitten man nicht versteht. Es gibt kein größeres Leid, als in einem Flüchtlingscamp leben oder besser überleben zu müssen, in dem unzumutbare hygienische Bedingungen herrschen, in dem durch Unterversorgung mehr Menschen sterben als durch Bomben, in dem ohne Erziehung und ohne Bildung eine ganze Generation ohne Orientierung aufwächst. Wie lange wird das noch so weitergehen?

***

Die Stunde des stillen Gebets ist vorbei. Ich habe mehrere Seiten vollgeschrieben ohne aufzuhören. Die Gedanken in meinem Kopf sind noch so durcheinander, dass ich sie niederschreiben muss, um sie zu ordnen. Was kann ich als Priester vor dem Hintergrund dieser globalen Krise tun, der ich nicht gewachsen bin und die ich gleichwohl während der Geiselhaft bei den Dschihadisten am eigenen Leibe erfahren habe?

Wie lautet meine Berufung als Christ in dieser Welt, in der die Ungerechtigkeit regiert?

Ich hebe den Blick. Über dem Tabernakel hängt ein großes Kreuz und vor mir auf dem Boden steht ein kleines Pult, auf dem das Evangeliar liegt, so wie es unser Ritus vorsieht. Jesus schaut von seinem Kreuz auf mich herab, den Kopf hingeneigt zu diesem Buch, seiner spirituellen Nahrung, und fordert mich auf, es nochmal zu lesen, um zu verstehen: *„Das ist mein Gebot, dass ihr einander liebt, wie ich euch liebe. Niemand hat größere Liebe als die, dass er sein Leben lässt für seine Freunde"* (Joh 15:12–13). Das ist die Antwort, die Antwort auf all meine Fragen. Das ist meine Mission.

Kapitel 7 — Cori, Italien · April 2016

Das ist der Weg, um all der Ungerechtigkeit und all der Gewalt ein Ende zu setzen. Jesus selbst hat ihn uns gezeigt bis ins Letzte.

So zu lieben, wie Jesus uns geliebt hat, heißt vergeben und um Vergebung bitten, selbst wenn man sich selbst nicht für schuldig hält: War Johannes Paul II. schuld an der Kolonisierung, an der Sklaverei oder der Shoah? Dennoch hat er um Entschuldigung gebeten. Trug Jesus Christus irgendeine Schuld? Dennoch flehte er am Kreuze seinen Vater an, den Menschen zu vergeben: „Vater, vergib ihnen; denn sie wissen nicht was sie tun" (Lk 23:34). Und wir? Bitten wir selbst um Vergebung? Vergeben wir denen, die uns Unrecht getan haben, auch wenn es keine Rechtfertigung für ihre Tat gibt und selbst wenn sie so weit gehen, dass sie uns unser Leben nehmen? Ist es uns bewusst, dass wir mit der Vergebung, um die wir heute bitten und die wir heute geben, die Bomben von morgen entschärfen können? Einander zu lieben, wie Jesus uns liebt, heißt, uns auch um die geringsten unserer Brüder so zu kümmern, wie wir uns um Jesus selbst kümmern würden. Denke ich an Syrien, sehe ich die Vielzahl meiner Landsleute, die heute an Europas Pforten klopfen, gemeinsam mit Afghanen, Eritreern, Somaliern, Irakern, Jemeniten ... Während die Staaten die Pflicht haben, sich unter Berücksichtigung der Gefahr einer Spaltung der Gesellschaft der politischen Dimension dieses Problems anzunehmen, sind wir Christen dazu aufgefordert, eine gegenwärtige Gerechtigkeit zu leben: In wessen Namen weigern wir uns, diese erbarmungswürdigen Menschen aufzunehmen, die auf der Flucht vor Krieg und Elend auf die Straßen und Meere der Welt getrieben sind? Wenn wir sie einfach ablehnen, wird das nur den Hass nähren und der Krieg wird sein böses Reich ausdehnen. Aber wenn wir ein christliches Zeugnis ablegen und den Auftrag der Nächstenliebe ohne Unterschied erfüllen, können wir die in der Welt schwelende Gewalt entwaffnen. Und durch uns können diese Frauen und Männern einem Gott begegnen, der Liebe ist,

Kapitel 7 Cori, Italien · April 2016

einem Gott, der noch, als er gekreuzigt ist, der ganzen Menschheit die Arme entgegenstreckt, einem Gott, der nicht verdammt, sondern vergibt, einem Gott, der nicht bestrafen will, sondern erlösen. Wer, wenn nicht wir, wird ihnen die Botschaft der Liebe des Heiligen Vaters überbringen, die sich in Jesus offenbart und durch den Heiligen Geist in uns wirkt?

Zu lieben wie Jesus uns geliebt hat, beruft uns auch dazu, die Geißel zu nehmen, um die Händler aus dem Tempel zu vertreiben. Oh ja, ich bin voller Wut auf die Waffenhändler, die mit dem Tod handeln, auf die Profitmacher, die in unsere Wüsten einmarschieren und sie aller Rohstoffe berauben oder unser Land zum Nutzen für die Lebensmittelindustrie stehlen und verschmutzen, auf die globalen Unternehmen, die die Länder ausrauben und nicht einmal davor zurückschrecken, Kinder auszubeuten, um die Bewohner der Industrienationen mit immer neueren Kleidungsstücken, Autos und Mobiltelefonen zu beliefern, auf die vorgeblich redlichen Regierungen, die in Wahrheit Diktaturen sind! Schluss mit der Waffenproduktion, sie muss aufhören, die Diktatoren müssen ihr Volk um Vergebung bitten und Platz machen für die Freiheit, die Menschenrechte müssen endlich über die wirtschaftlichen und politischen Interessen eines Landes gestellt werden! Wie sollte man sonst verhindern, dass ein Bauer, der seines Bodens beraubt wird, ein Beduine, dem seine Wüste gestohlen wird, nicht in den bewaffneten Kampf rutscht? Wie sonst kann man einen jungen Menschen, dessen Vater gefoltert worden ist, davon abbringen, sich einer Terrorgruppe anzuschließen?

Aber meine Wut richtet sich auch gegen die, die behaupten, in Gottes Namen zu handeln und seine Gesetze zu befolgen, wenn sie plündern, morden und Sklaverei betreiben. Wie wollen die Muslime dieser Welt den Rest der Menschheit davon abbringen, sie für diese infernale Gewalt verantwortlich zu machen, wenn sie sich nicht einstimmig und unumstößlich gegen dieses Verhalten aussprechen und nicht alles dafür tun, den Keim dieser Gewalt aus ihren Texten und Traditionen zu verbannen?

Zu lieben, wie Jesus uns geliebt hat, bedeutet schließlich auch zu beten. Der Krieg, der die Welt zu zerstören droht, ist ein spiritueller Kampf. Das bedeutet auch, dass wir die radikale Wahl für Vergebung, Wahrheit und Nächstenliebe treffen müssen. Denn ohne das Gebet und das Leben in Gott können wir nicht standhalten. Auf uns allein gestellt würden wir zusammenbrechen. Aber mit Gottes Hilfe ist nichts unmöglich: Er allein kann durch unsere Verfehlungen und Schwächen hindurch Großartiges vollbringen! Dafür müssen wir zuerst zum Glauben zurückfinden. Und ist es nicht so, dass wir vom Glauben abgekommen sind? Oder glauben wir noch an die Macht des Gebets, an die Allmacht Gottes? Im Gefängnis, in einem Moment des allerschlimmsten Leids, habe ich sie erfahren. Dank der Kraft meines eigenen Gebets und dem von allen, die für mich gebetet haben, wurde ich gerettet! Unser Gebet bewegt Gott dazu, Wunder zu vollbringen. Aber glauben wir auch noch an diese Wunder? Damit denke ich nicht an einen göttlichen Zauberstab. Ein Wunder ist ein Weg und ein Hilferuf. Wir sind uns unserer Schuld und unserer Kleinheit bewusst und darum rufen wir zu Gott: „Oh, Herr, komm und errette uns! Gott, offenbare uns deine Gnade durch unsere Schwäche!" Und Gott errettet uns. Und Gott lässt seine Herrlichkeit erstrahlen.

Unsere Welt braucht Wunder, aber leider glaubt keiner mehr daran. Die Welt denkt, sie brauche Gott nicht mehr. Aber sehen wir denn nicht, dass dieses weltweite Chaos das Resultat der Abkehr von Gott ist? Das ist ja das Drama der heutigen Zeit: Wir haben unseren Glauben an Gott verloren! Doch in einem Punkt können wir uns sicher sein: Nicht die anderen Religionen sind die wahre Bedrohung, sondern der Unglaube. Wir müssen keine Angst haben vor Menschen, die aus tiefstem Herzen beten, auch wenn sie anderes beten oder eine andere Vorstellung von Gott haben als wir! Selbst wenn Christen und Muslime eine unterschiedliche Vorstellung von Gott haben, so glauben wir doch an den einen ewigen Gott, den Schöpfer. Wir alle sind bestrebt, ein Leben nach Gottes Vorstellungen zu leben. Wie sollte Gott wohl auch nicht empfänglich sein für die Millionen von Männern und Frauen auf der ganzen Welt, die sich fünfmal am Tag Zeit nehmen, um zu beten? Ist ihr treues Gebet nicht genauso ein Bollwerk gegen die Gewalt, die bekanntermaßen in jedem von uns steckt? Praktizieren sie mit dem *Tasbih*[39] etwa kein *Herzensgebet*, im Bestreben in der ständigen Gegenwart Gottes zu leben? Wenn sie eine reine Gesinnung haben, wenn sie aufrichtig beten, weshalb sollten sie dann nicht auch der Gewalt abschwören können, selbst wenn sie in den Texten steht, auf die sie sich beziehen. Die Gewalt kommt nicht von Gott, er hat sie ihnen nicht ins Herz gepflanzt, als er ihnen das Leben geschenkt hat. Paolo hat gesagt, wenn „ein Mensch seines Wohlgefallens den Kuss der Liebe Gottes auf seiner Stirn, seinem Auge, seinem Mund spürt, dann wird er die ganze Welt umarmen in grenzenloser Liebe!"[40] Also müssen wir nur fest an die Kraft des Betens glauben, auch für die, die nicht dem christlichen Glauben angehören. Denn Gott wird wohl kaum eine Auswahl treffen.

An Weihnachten sang die Engelsschar: *„Ehre sei Gott in der Höhe und Friede auf Erden den Menschen seines Wohlgefallens"* (Lk 2:14). Sie sangen nicht: „Friede auf Erden den Menschen, die von der Kirche getauft wurden!" Das heißt, dieser Frieden ist möglich, wenn wir alle, gleich welcher Religion, zurückfinden zur gottgegeben Intelligenz des Herzens. Gott hat uns nach seinem Bild geschaffen, mit einem guten Herzen, wie dem seinen, nicht mit einem bösen. Die Sünden sind es, die uns irreleiten und verzerren.

---

[39] Islamische Deklaration von Gottes Erhabenheit und Perfektion, bestehend aus wiederholten kurzen Aussprüchen.
[40] Guyonne DE MONTJOU, *Mar Mossa. Un monastère, un homme, un désert*, S. 218.

Wir müssen uns ändern, unsere Herzen öffnen, die Gnade Gottes wiederfinden, der nichts als „Menschen seines Wohlgefallens" schafft, bereit sein, gemeinsam in Frieden zu leben und zu Heiligen werden. Und unsere Mission als Christ ist es, vor der ganzen Welt die Liebe Gottes zu allen Menschen zu bezeugen und die Frohe Botschaft Jesu Christi, dem Friedensfürst, zu verkünden.

Verharren wir dagegen in einer Haltung des Misstrauens, ja sogar der Verachtung gegenüber anderen Religionen, wen erstaunt es dann, wenn sie mit Gewalt darauf reagieren, wo schon eine bestimmte Lesart ihrer Religion dies zulässt? Doch wir sollten nicht zulassen, uns von denen die Welt zur Hölle machen zu lassen, die die Welt durch ihr krankes Auge sehen. Wir sollten lieber lernen, das Gute in unseren Brüdern zu sehen. Ich bin immer noch erschüttert, wenn ich an die muslimischen Freunde denke, die uns das Leben gerettet haben! Aufgrund unserer Freundschaft und unserer gemeinsamen Jahre in Mar Musa und Mar Elian haben sie ihr eigenes Leben für uns aufs Spiel gesetzt. Manche von ihnen sind sogar gestorben. Sie haben uns gezeigt, was Liebe heißt. Und sind wir selbst auch bereit, immer wieder Freundschaften zu knüpfen, zu allen Menschen insgesamt und ganz besonders zu den Muslimen, sie zu lieben und unser Leben für sie zu opfern, im Wissen, dass das der einzige Weg ist, die Unmenschlichkeit auszurotten und eine gerechtere Welt zu erschaffen?

Immer mehr Menschen verspüren eine innere Abneigung gegenüber den Muslimen, befeuert von den Kriegen und Attentaten der letzten Jahre. Mir selbst ging es genauso und auch jetzt bin ich noch nicht komplett geheilt: Es ist eine Lebensaufgabe! Und doch bin ich der Beweis, dass ich dank ihnen am Leben bin. Wie ich schon gesagt habe, empfinde ich nur Mitleid mit denen, die mir mit ihren verhärteten Herzen Böses angetan haben, sie sind vom Weg abgekommen, gespalten, innerlich zerrissen. Das Gebet beruhigt auch mein Herz und begleitet mich auf dem Weg

Kapitel 7 Cori, Italien · April 2016

der Wandlung und der wahren Liebe. Ohne das Gebet, ohne die unermüdliche Wiederholung meiner Bitten, um Gott um Gnade anzuflehen, ohne diese Stunde des täglichen stillen Gebets, wäre ich, der orientalische Christ, niemals bereit gewesen, die Muslime zu lieben, obwohl ich seit meiner Kindheit nur Schlechtes über den Islam gehört habe. Als Paolo mich aufforderte, meinen Blickwinkel zu ändern, dachte ich, es wäre leicht für ihn, die Muslime zu lieben, weil er Europäer war und niemals Probleme mit ihnen gehabt hatte, während wir vorbelastet waren durch all die Leiden unserer Vorfahren! Dann lernte ich Stück für Stück, mein Herz zu öffnen, durch Gottes Wirken während all der Stunden des kontemplativen Gebets oder dem *Herzensgebet*, das ich ununterbrochen gebetet habe. Wenn man betet, ist man sich dessen nicht bewusst, man wird normalerweise nicht plötzlich von einer inneren Erschütterung heimgesucht. Nein, Gott ist nicht im Wind, nicht im Erdbeben, nicht im Feuer, sondern im stillen sanften Sausen (1 Kön 19:11–13). Sein Wirken macht in uns kein Geräusch. Und wirkt er im Vorübergehen, richtet er den Blick unseres Herzens den anderen Menschen zu, dem Unbekannten oder Fremden entgegen, sogar dem Feind entgegen. Zwischen dem geöffneten Herzen und dem Gebet besteht eine tiefe Verbindung. Es ist das Gebet, das die Mauern niederreißt und uns erlaubt, authentische Beziehungen zu unseren Mitmenschen aufzubauen, ohne Manipulationen, ohne Misstrauen, ohne Hass, nur in Dankbarkeit und großer Liebe. Das Gebet, die Anbetung, die Kontemplation Gottes ist wie der Sonnenaufgang. Jeden Morgen erwacht dieselbe Erde, von denselben Sternen erhellt. Trotzdem ist das Licht niemals gleich und jeden Tag lässt es uns die Erde aufs Neue entdecken. Hätte ich es ohne das Gebet jemals geschafft, meine Kerkermeister zu lieben? Ganz bestimmt nicht. Und dennoch, selbst sie und mit ihnen all die anderen Fanatiker, wer sie auch sein mögen, brauchen unser Wohlwollen und unsere Liebe. Nur die Liebe allein kann das Böse besiegen. Wir müssen uns verdeutlichen, wie wichtig der Dialog und die Verkündung des Evangeliums sind, sie sind der einzige Weg, den Frieden herzustellen. Aber den Dialog und die Evangelisierung erreichen wir nicht, ohne zu begreifen, was für eine wesentliche Rolle das Gebet spielt. Durch das Gebet erlangen wir die Gnade, trotz aller Prüfungen gemeinsam mit unseren Mitmenschen einen humanen Weg zu gehen. Durch das Gebet erlangen wir die Kraft, Gott Vater, den Sohn und den Heiligen Geist in der Welt zu bezeugen. Durch das Gebet wird das Reich Gottes auf Erden zur Wirklichkeit: „Dein Reich komme!"

So lasst uns lieben ohne Unterlass, lasst uns selbst die lieben, die als unsere Feinde daherkommen. Lasst uns durch unser vertrauensvolles Gebet, unsere grenzenlose Nächstenliebe und unsere freudige Hoffnung zusammen mit allen Gläubigen und Menschen seines Wohlgefallens eine globale Revolution gegen die Gewalt und für den Frieden in Gang bringen. Ein ambitionierter, vielleicht sogar idealistischer Vorschlag? Vielleicht. Ich fordere ihn ein. Jesus ist gekommen, um die Welt zu retten. War das nicht idealistisch? Trotzdem hat er es getan, durch seine Menschwerdung. Er ist nicht in seinem Himmel hocken geblieben, um große Pläne für seine Geschöpfe zu schmieden. Nein, er ist zu uns auf die Erde gekommen. Er ist ein Mensch unter Menschen geworden, unter den Sündern, die von der Angst vor den anderen getrieben Opfer der Gewalt wurden. Nun aber zeigt uns Jesus, dass die Angst keine Lösung ist und dass die Gewalt nur noch mehr Zerstörung hervorbringt. Die Dschihadisten haben das sehr gut verstanden, sie, die das Entsetzen zur wichtigsten Waffe ihres „Heiligen Krieges" machen. Die Angst paralysiert uns und bringt uns dazu, die schlimmsten Dinge zu tun, aber Jesus zeigt uns einen anderen Weg auf, den der Liebe, der Hoffnung und der Vergebung.

Er ruft uns dazu auf, uns nicht von der Angst besiegen zu lassen: „Fürchte dich nicht, du kleine Herde!" (Lk 12:32). Nein, lasst uns

Kapitel 7 — Cori, Italien · April 2016

keine Angst haben vor den Bomben und den Attentaten, sie können unseren Körper töten, aber nicht unsere Seele! Lasst uns stattdessen die Liebe wählen, jeden Tag, jede Minute, in jeder Sekunde. In all unseren kleinen Gesten des Alltags haben wir täglich die Gelegenheit, uns der Gewalt entgegenzustellen.

Heißt das, dass man von uns verlangt, auch selbst zu sterben? Durchaus. Jesus wusste, dass Gott ihn zum Leben erwecken würde. Auch wir glauben fest daran, dass unser dargebrachtes Leid, die kleinen, unbedeutenden Tode des Alltags, die Ankündigung einer bevorstehenden Auferstehung sind, für uns, aber auch für die Welt, selbst wenn wir dazu gezwungen werden, unser Land, unsere Häuser, unsere bequemen Gewohnheiten aufzugeben, uns von allem zu lösen, um uns an Gott zu binden. Unser Kreuz zu tragen, uns aufzumachen und unser Leben dort zurückzulassen … Weil Jesus es annahm, gekreuzigt zu werden und sich die Seite mit einem Schwert hat ritzen lassen, von dem römischen Zenturio, der am Ende sprach: *„Wahrlich, dieser Mensch ist Gottes Sohn gewesen!"* (Mk 15:39).

***

Es ist Nacht geworden über Cori. Diesem kleinen Dorf in den Bergen, mit seinen engen Gassen, seinen gepflasterten Treppen und Häusern, die aussehen, als würden sie seit Jahrhunderten über dem Berghang schweben. Die Nacht ist heute klar und unermesslich tief, so wie die Nächte in der Wüste von Mar Musa, so wie meine Gedanken, die ich den ganzen Tag lang ohne Unterlass zu Papier gebracht habe. Ich verspüre immer noch lebhafte, tiefe Angst. Am Ostersonntag kommt es mir vor, als würde meine ganze Freude unter einer Betondecke erstickt. Ich habe immer noch große Angst vor dem Krieg, in dem die Welt zu versinken droht, ich fürchte, dass ich lediglich die ersten Anzeichen gesehen habe.

Kapitel 7 — Cori, Italien · April 2016

Nach der Abendmesse mit Schwester Karol verlasse ich die Kapelle, in der ich den ganzen Tag verbracht habe, ganz eingenommen von diesem Gefühl der Beklemmung. Vorhin erst habe ich selbst geschrieben, dass wir keine Angst haben dürfen und seit den Interviews zu meiner Geiselhaft, betone ich es immer wieder, aber jetzt habe ich Schwierigkeiten damit, die Angst aus meinem Herzen zu verbannen. Wie damals in meiner geliebten syrischen Wüste – einem Syrien, das es nicht mehr gibt, seitdem es der Krieg verwüstet hat – gehe ich auf die Terrasse, von der man tagsüber bei klarem Himmel bis zum Meer sehen kann. Ich hebe den Blick. Vom künstlichen Licht gestört, sieht man zunächst nichts als den dunklen Himmelsschatten. Doch nach und nach kann ich immer mehr kleine Lichtchen erkennen. Die Sterne kommen hervor, wie Tänzerinnen, die darauf warten auf die Bühne zu gehen. Da sind sie allesamt, so nah und doch so fern. Sie funkeln. Die einen mehr, die anderen weniger. Ich fasse einen ins Auge und bekomme Lust, ihn abzunehmen, um ihn an mich zu drücken. Ich habe keine Ahnung, wie er heißt. Von Sternenkunde verstehe ich nichts. Aber ich bin mir sicher, dass das dieser eine Stern ist, der vor etwas mehr als zweitausend Jahren über einem Stall in Betlehem aufgegangen und danach nie wieder erloschen ist. Er kündigte die Geburt des Erlösers an. Meine ganze Hoffnung. Ich lächle. Die Finsternis des Krieges, der Traurigkeit und das Elends verdunkeln zwar mein Herz und scheinen die ganze Welt zu überziehen, aber ich weiß, dass in dieser Nacht ein kleines, schwaches Lichtlein brennt, das durch seine reine Anwesenheit die Finsternis für immer vertreibt.

Nachwort

Sulaimaniyah, Irak
28. Juni 2017

Das war eine lange Nacht. Ich schalte das Diktiergerät aus. Während schon vor Stunden der erste Ruf des Muezzin erklungen ist, beginnt es zu dämmern. Sulaimaniyah erwacht. Pater Jacques erhebt sich steif und lächelt: „Es gäbe noch so viel mehr zu erzählen! Aber sicher willst du, dass ich dir trotzdem noch erzähle, warum ich jetzt hier bin, stimmt's?" Ich nicke. Vor dem bedrückenden Hintergrund der Gewalt hat Abuna Jaques entschieden, nicht nach Syrien zurückzukehren. Er kannte sein Land nicht wieder und hätte auch nicht mehr so leben können wie früher. Er hatte den Hauch des Todes im Nacken gespürt, und Auspeitischung, Hunger und Todesangst kennengelernt. Einfach dazu schweigen? Das war undenkbar für diesen Mann, der selbst zu einem Schmerzensschrei geworden war. Er war zerstört, genau wie sein geliebtes Syrien und konnte sein früheres Leben nicht wieder aufnehmen. Von früher war nichts mehr übrig geblieben: Mar Elian liegt in Trümmern, nach Mar Musa kommen nur noch wenig Besucher, in Qaryatein gibt es nicht einen einzigen Christen mehr, Aleppo ist völlig zerstört. „Mein Volk ist jetzt über die ganze Welt verstreut, Millionen wurden im eigenen Land umgesiedelt oder leben in Notlager gezwängt im Grenzgebiet, ohne Wasser, ohne Lebensmittel, ohne Hygiene. Ich will wie sie sein, ich will auch leben wie ein Flüchtling, als Armer unter Armen. Ich bin ein Hirte: Meine Pflicht ist es, bei meiner gepeinigten Herde zu leben. Deshalb bin ich hierhergekommen."

Abuna Jacques reckt sich. Sein Rücken leidet noch immer unter den Auswirkungen der Geiselhaft und bereitet ihm schreckliche Schmerzen. Er schlägt vor, in die Küche zu gehen, um einen Kaffee zu trinken. In diesem Augenblick kommen die Kinder hereingestürmt, diesel-

Nachwort *Sulaimaniyah, Irak · 28. Juni 2017*

ben, die gestern Abend lauthals im Hof des Gemeindehauses gesungen haben, und sie rufen: „Abuna, Abuna!" Sie tragen bunte Tücher um den Hals, wie kleine Pfadfinder. Nach ihnen betreten die Mütter den Raum und begrüßen den Pater. Es sind noch Ferien und sie haben einen Ausflug mit Gruppenspielen in der Altstadt organisiert. Pater Jacques sieht ihnen lächelnd zu. Oder er betrachtet sie vielmehr. Der Kaffee ist schnell getrunken. Es wird langsam heiß. Ich nehme eine schöne kalte Dusche, um wieder wach zu werden, dann treffe ich Abuna Jacques in der Kapelle. Trotz der Hitze und der Müdigkeit und trotz der Freude und der Zweifel, die ihn plagen, vernachlässigt er nicht die Stunde der stillen Meditation. Ich streife meine Schuhe ab und nähere mich dem Teppich an den Stufen zum Altar. Als er mich sieht, geht er in den hinteren Teil der Kirche und bringt mir eine Bibel auf Französisch. Er blättert ein paar Minuten in ihr herum und hält dann inne bei einem Vers, den er augenscheinlich gesucht hat. Er reicht mir die Bibel mit der Aufforderung, die Stelle zu lesen und kehrt zurück zu seinem Gebet, während ich auf die Seite blicke, die er mir gezeigt hat. Es handelt sich um den Psalm 85. Es sind fortlaufende Verse. Es ist, als läse ich eine Zusammenfassung all dessen, was ich in dieser Nacht gehört habe, die Treue in der Prüfung, der Glaube in einem Land der Verwüstung, dieses Mal umso stärker, als dass er über das Kreuz gegangen ist. Ein Psalm, in dem die Worte „Liebe", „Wahrheit", „Gerechtigkeit" und „Friede" wie ein Appell an die Hoffnung, wie das Versprechen von Ewigkeit erklingen.

> Ach, dass ich hören sollte, was Gott der HERR redet; dass er Frieden zusagte seinem Volk und seinen Heiligen, auf dass sie nicht auf eine Torheit geraten! Doch ist ja seine Hilfe nahe denen, die ihn fürchten, dass in unserm Lande Ehre wohne; dass Güte und Treue einander begegnen, Gerechtigkeit und Friede sich küssen; dass Treue auf der Erde wachse und Gerechtigkeit vom Himmel schaue;

dass uns auch der HERR Gutes tue und unser Land sein Gewächs gebe; dass Gerechtigkeit weiter vor ihm bleibe und im Schwange gehe (Psalm 85:9–14).

Außenansichten des Klosters Mar Elian

Gottesdienst in der Krypta mit Pater Jacques. Im Hintergrund die Grabkammer von Mar Elian

Sarkophag von Julian von Emesa

Zugang zur Krypta

Das alte Eingangstor

Bilder aus Qaryatein vor dem Krieg

Pater Paolo Dall'Oglio

Das Kloster Mar Musa

Innenansicht der Kirche von Mar Elian vor und nach der Zerstörung